쉼표에서

깨달은

,
것들

펴낸날 | 2023년 11월 18일

지은이 | 이춘석
기획 | 강희정
편집 | 임지희
디자인 | 박민희
발행인 | 홍석근
펴낸곳 | 도서출판 평사리 Common Life Books
출판신고 | 제313-2004-172 (2004년 7월 1일)
주소 | 경기도 고양시 덕양구 중앙로558번길 16-16. 7층
전화 | 02-706-1970   팩 스 | 02-706-1971
전자우편 | commonlifebooks@gmail.com
ⓒ2023 글 이춘석
ISBN 979-11-6023-343-8 (03340)

* 책값은 뒤표지에 있습니다.

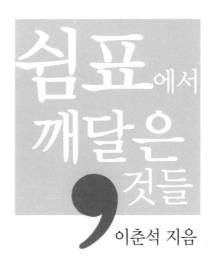

쉼표에서
깨달은
것들

이춘석 지음

평사리
Common Life Books

Ⅰ. 사진과 함께 보는 이춘석 정치 일곱 장면

Ⅱ. 윤석열정부 시대를 살아내려면

Ⅲ. 없는 길은 만들고 굽은 길은 펴다

Ⅳ. 익산을 위한 세 개의 기둥

한 발짝 떨어지니
한 걸음 더 가까워진 민심

패배에는 의외로 담담했다. 함께했던 보좌진과 참모들의 진로와 지지자들의 허탈함, 지인과 가족에 대한 걱정이 있었지만, 시간이 흐르면서 자연스럽게 해소되거나 없어질 일이었다.

다만, 표로 확인된 숨겨졌던, 혹은 외면했던 민심은 오래도록 나를 괴롭혔다. "한 일이 뭐가 있느냐"는 의문에는 섭섭함이 가시질 않았고, "일 하나는 잘했다"는 말에 붙은 '는' 이라는 조사는 체증처럼 명치를 눌렀다. 한동안 마음이 앙상했다.

서툴지만 조금씩 걸음을 시작했다. 청하는 자리는 없었지만, 갈 곳은 많았다. 행사장에 가면 옆에 와 앉으라고 손짓하는 이들이 생겼다. 맨 앞자리 지정석이 사라진 대신 나는 시민들 사이에 앉아 오래 안부를 물을 수 있었다. 불편한 기색을 숨기지 않는 사람들도 있었지만, 마음을 내보여 주는 것이 오히려 고마웠다. 공식적 악수보다 어깨를 툭툭 다독이고 지나가는 사람들의 온기가 더 오래간다는 것도 깨달았다.

나는 노동 현장이 더 좋았다. 쭈뼛거릴 틈이 없었다. "일꾼 왔다"는 진심 어린 환대를 끝내면 이불 빨래를 쉴 틈 없이 밀어 넣었고, 어르신 밥상에 배식 실패가 생기면 야단을 쳤다. 노동이 끝나면 함께 어울려 남은 밥을 먹고 "다음엔 더 잘하라"는 말로 배웅했다.

예전에는 여러 일정으로 한나절밖에 하지 못했던 수해복구 현장에도 빠지지 않고 갔다. 망연자실한 분들에게 "힘내라"는 말이 너무 가혹해 적당한 위로의 말을 찾지 못했지만, 다음날 또 오겠다고 기약할 수 있었다. 기능올림픽 대회 전북 수상자들의 봉사 현장에서는 기가 죽었다. 특별한 재주가 없다는 말에 옻칠 명장은 혀를 찼다. 이분께 나는 페인트칠을 배웠다.

고향에 돌아와 마음이 조금씩 살쪄가는 것이 느껴졌다. 나에게 원한 것이 대책과 성과만은 아니었다. 같은 시간, 같은 공간에서 공감하는 사람이기를 바랐다. 심판하는 유권자, 추상적

인 주민 이전에 품을 나누는 이웃이었다.

　처음에는 용서를 구해야 한다고 믿었지만, 그 또한 내 맘 편하자는 욕심이었다. 아무리 시간이 흘러도 실패도 좌절도 미련도 모두 내 몫으로 남는 것이다. 그것은 흐려지되 사라지지 않는다. 고향의 이웃들은 그저 부대끼고 살아가며 그것을 직시할 힘을 허락한 것이었다.

　애초 반성문으로 책을 쓸 작정이었지만 마음을 고쳐먹었다. 위로받고자 하는 마음이 숨어 있었다. 대신, 박수받고자 하는 마음을 덜어내고 한 일을 되돌아보는 일부터 시작했다.

　내 공이 크다고 생각했던 일들을 복기하니 크든 작든 어느 하나 소중하지 않은 것이 없었다. 몰라준다고 생각했지만 정작 몰랐던 것은 나 자신이었다. 하나만 빠져도 성사됐을 리 없는 일들이었다.

　오랜 시간 수고를 바친 일들을 정리하니 할 일도 분명해졌다. 당위나 숙제가 아니라 기대라고 할 것이 적잖이 남아있었다.

　나는 「홀로그램콘텐츠 서비스센터 추진계획(안)」에 담겨있던 작은 그림을 오랫동안 마음에 품어왔다. 익산을 중심으로 홀로그램 인프라를 조성하고 이를 전국으로 확산한다는 내용이었다. 아마 정부 계획서에 익산만이 오롯이 표시된 것은 이 사업이 처음일 것이다.

　내가 성과라 자만했던 일들은 그저 점들에 불과했다. 익산의 정치사에서도 나는 작은 점일 뿐이다. 다만 그 역사에서 몇 개의 점들이 또렷하게 불을 밝힌다면 그것을 희망이라고 부를 수 있지 않을까. 나는 이제 나의 이웃들에게 용기 내어, 그렇게 묻고자 한다.

2023년 11월, 이윤석

사진과 함께 보는
이춘석 정치 일곱 장면

헌정사상 첫 대통령 탄핵을 만들어 낸
'빛의 축제'

2016년 12월 22일, 헌법재판소 탄핵 심판 첫 준비절차 기일이었다.

그렇게 많은 취재진이 모인 현장은 처음이었다.

겨울비가 내렸다. 탄핵소추위원장이었던 권성동 의원에게 우산을 씌워주었다.

사람들은 내가 보좌관처럼 보인다고 눈살을 찌푸렸다. 개의치 않았다.

탄핵소추위원장은 국회 법사위원장이 맡게 돼 있었다.

그와는 여야 법사위 간사로 오랜 시간 호흡을 맞춰왔다.

대통령 탄핵이 성공하려면 위원장의 역할이 중요했다. 우산쯤이야······.

국민의 대의를 완성할 수만 있다면 더한 것도 할 수 있었다.

더불어민주당은 11월 21일 의원총회에서 박근혜 대통령 탄핵을 당론으로 채택했다. 곧이어 나는 탄핵 실무 추진준비단장으로 임명됐다. 법조인 출신이라는 점과 9년을 법사위에서 활동했고, 합리성과 개혁성을 겸비했다는 점에서 적임이라는 평을 받았다. 최종 탄핵까지 새누리당 일부의 협력이 절실한 상황에서 격의 없이 소통할 수 있다는 점도 인선 배경이 되었다.

정치 상황이 조변석개였다. "다음 주 초까지 초안을 만들겠다"는 말로 소감을 대신했다.

탄핵에 이르려면 2단계를 거쳐야 한다. 먼저 국회 탄핵소추안 통과를 위해서는 공동 탄핵안 작성과 함께 3분의 2 이상의 찬성표가 필요했다. 이어서 헌법재판소의 탄핵 결정을 끌어내려면 청와대 반대 논리를 깨고 헌법재판관을 설득할 치밀한 법리가 요구됐다.

곧바로 탄핵준비단 회의를 열고 탄핵안 집필, 대외협력, 법률지원 등 각 분야를 점검하며 의견을 모았다. 완벽한 탄핵 준비보다는 새누리당 비박계와 연대해 신속하게 탄핵 의결 절차를 밟는 것이 필요하다는 판단이 들었다. 나는 이 내용을 즉시 당 지도부에 보고했다.

　　하루라도 빨리 대통령이 물러나야 한다는 여망과 대통령의 모든 잘못
에 책임을 물어야 한다는 주장은 상충했다. 탄핵안에 국정교과서, 개성공
단, 사드 등 모든 잘못을 담을 경우, 헌재에서 결정 시일이 길어진다는 현
실적 문제가 생겼다. 또한 국회 의결 절차부터 새누리당 비박계의 협조를
얻을 수 없다는 한계도 있었다.

　　"여당 내 역학관계가 시시각각 변하고 있습니다. 우리에게 필요한 것은 '신
속한 탄핵'입니다. 또 헌재 심판 절차에서 입증 가능성도 고려해야 합니다. 따
라서 '확실한 탄핵'에 중점을 두어야 합니다."

　　의원총회에서 나는 이 같은 두 가지 원칙을 중심으로 보고하고 설득했다.

그러나 단 한 가지, 포기할 수 없는 문제가 있었다. 국민의당의 소추안에는 세월호 문제가 소추 사유가 아닌 방론으로 포함돼 있었다. 민주당만은 반드시 이를 담아야 한다는 소명과 한편으로는 새누리당의 협조를 얻어야 한다는 현실이 엄존했다.

"2014년 4월 16일에 발생한 세월호 침몰 사고에 대한 대응 실패로 헌법 제10조인 '생명권 보장'을 위반했으며, 국민의 생명과 안전을 위한 적극적 조치를 취하지 않아 직무를 유기했다"는 내용을 적시하기로 했다. 최고위원회가 이를 결의했고 의원총회에서 추인했다. 이로써 민주당의 탄핵안이 최종 정리됐다.

탄핵소추안은 국회 재적의원 과반수의 발의가 필요했다. 2016년 12월 3일 새벽 4시 10분, 재적 300명 중 총 171명이 서명했다. 의장은 발의된 후 처음 열리는 본회의에 보고하게 돼 있었다. 12월 8일 오후 2시 45분이었다. 법안의 무덤인 법사위에는 회부하지 않기로 했다. 이제 모든 준비를 마쳤다. 드디어 9일 본회의 탄핵소추안 의결이 하루 앞으로 다가왔다.

　　헌법 제65조 제2항에 의거, 국회 재적의원 3분의 2 이상이 찬성해야 했다. 야 3당 및 야권 성향 무소속 의원 172석에 새누리당 비주류 의원들이 최소 35석이었다. 산술적으로 200표는 넘었다. 하지만 마지막에 '세월호 7시간'으로 정치적 공방이 벌어지면서 예측불허의 상황으로 반전됐다.

　　'7시간'을 빼야 한다고 주장하는 새누리당이 탄핵 가결의 키를 쥐고 있다는 것은 역사의 아이러니였다. 박근혜 대통령이 아이들이 배 안에 갇혀서 가라앉고 있었던 그 시각에 한 시간 반 동안이나 머리를 올렸다는 보도가 나오면서 세월호 사건은 넣고 빼는 협상의 문제를 초월해 버렸다. 탄핵소추안이 부결될 경우 당 지도부는 의원직 총사퇴를 결정했고 우리 당 전원이 뜻을 모았다. 협상은 끝났다.

방송사들의 중계차와 간이 스튜디오가 속속 국회 내에 자리를 잡는 사이, 국민의 열망과 의지가 하나둘 촛불로 피어오르기 시작했다. 국회 광장을 개방할 방법이 없어 국회 담장 밖 집회를 허용하기로 결정한 터였다.

　　국민은 밖에서 밤새 국회를 지켰고 우리 역시 국회 안에서 촛불을 켜고 결의를 다졌다. 각자 서명한 사직서를 가슴에 품은 채였다. 대한민국의 운명을 결정할 국회에 보내는 국민의 함성으로, 여의도가 들썩였다.

　당일 본회의장 방청석 266석은 취재진과 시민단체 관계자 등으로 가득 찼다. 민주당은 당에 할당된 의석을 세월호 침몰 사고 유가족에게 모두 배정했다.

　탄핵소추안에 대한 표결 처리는 오후 3시 2분 정세균 의장의 개의 선언으로 시작됐다. 가결에 필요한 건 200명의 찬성이지만, 찬성에 많은 의원이 동참하면 할수록 헌재가 인용 결정을 하는 데에 힘을 보탤 수 있을 것이었다. 220명 선을 넘는다면 사실상 비박계는 물론이고 친박 내부에서도 찬성표를 던졌다는 얘기가 되었다. 이렇게 되면 헌재에서도 안정적으로 '인용'을 선택할 수 있을 것이었다.

　투표 결과가 발표되기 전까지 방청석은 고요했다. 나 역시 침만 겨우 삼킬 뿐 오직 정세균 의장의 입에 온 신경을 집중했다. 오후 4시 10분, 투표 299명 중 찬성 234표, 부 56표, 기권 2표, 무효 7표로 탄핵소추안이 가결됐다. 탄성과 함성이 터져 나왔고 세월호 유가족들은 참았던 눈물을 쏟아냈다.

탄핵소추안이 가결되자 경찰은 즉각 헌법재판소에 대한 경계를 강화하고 헌법재판관 신변 보호를 시작했다.

탄핵소추위원장인 권성동 국회 법제사법위원장과 나를 포함한 탄핵소추위원단은 헌법재판소로 향했다. 전자 접수로 처리하지 않고, 직접 정본을 제출했다. 헌재는 탄핵소추의결서에 '2016헌나1 대통령(박근혜)탄핵'이라는 사건번호와 사건명을 붙였다. '헌나'는 탄핵 심판에 붙는 사건 부호다. 2016년에 접수된 탄핵 심판 사건 중 첫 번째 사건이라는 뜻이었다.

헌재는 3차례의 준비 기일을 포함해 20차례의 심판을 열어 26명의 증인을 신문했다. 수사 기록만 5만여 쪽에 달했다. 이제부터는 시간 싸움이었다. 박한철 헌법재판소장과 이정미 재판관의 임기는 각각 1월 31일, 3월 13일로 못 박혀 있었다. 한겨울이었지만 촛불은 꺼질 줄을 몰랐다.

대통령 측 대리인단은 시간 끌기 전략을 사용했다. 무더기 증인 신청과 핵심을 빗나간 질문, 온갖 기행으로 헌재의 결정을 방해했다. 당에서는 현재 심판정에서 더욱 선명한 대응을 주문했다. 소추위원단 내부에서도 같은 의견이 많았다.

내 생각은 달랐다. 일일이 대응하면 탄핵 결정이 요원해질 수 있었다. 헌법재판관들 역시 이 점을 잘 알고 있었다. 무리한 언동에 질서유지권을 행사할 수 있었음에도 헌재는 최대한의 인내력을 발휘했다. 소추위원단 장인 권성동 위원장과 합리적 조정도 해야 했다. 나는 더욱 조용한 전략을 선택했다. 구두변론도 줄이고 대신 서면에 탄핵의 근거를 담는 데 주력했다. 난동에는 무대응, 무관심을 원칙으로, 꼭 필요한 경우에만 개입했다.

급기야 언론에서도 답답증을 호소했다. "현 상황에서 야당이 할 수 있는 일이 촛불집회 참여하는 것뿐이냐"고 물어오는 이도 있었다.

"지금은 헌재의 시간입니다. 국회의 소임은 법적으로 탄핵소추안을 의결하는 것으로 마무리되었습니다. 국민의 여망은 헌재의 빠른 결정뿐입니다. 헌재에 국민의 뜻을 분명히 전달하는 것이, 가장 필요하고 가장 강력한 대안입니다."

나의 원칙은 확고했다. 그 사이 박한철 헌법재판소장이 임기를 다했다.

　　마침내 탄핵 선고 기일이 잡혔다. 이정미 헌재소장 권한대행의 퇴임 3일을 남긴 3월 10일 오전 11시였다. 당일 이정미 헌재소장 권한대행은 경호 차량에 에워싸여 출근했다. 근접 경호 인력에 서울청 소속 강력반 형사, 순찰대가 대거 투입됐다. 평소 1시간 반 정도의 출근 시간이 30분으로 단축됐다.

　　오전 7시 33분 주심 강일원 재판관을 시작으로 김이수, 안창호, 조용호, 이정미, 김창종, 이진성, 서기석 재판관 순으로 출근을 완료했다. 경찰은 서울 도심에 271개 부대 2만 1,600여 명의 경력을 투입해 헌재 주변 경호에 나섰다.

나는 일찌감치 헌법재판소 선고 현장에 나가 있었다. 11시, 모두가 숨죽인 역사의 순간이 왔다. 이정미 권한대행이 결정문을 읽어 내려갔다.

"피청구인의 법 위배행위가 헌법 질서에 미치는 영향과 파급효과가 중대하므로, 피청구인을 파면함으로써 얻는 헌법수호의 이익이 압도적으로 크다. 이에 재판관 전원의 일치된 의견으로 주문을 선고한다."

수식어 하나 없이 목적어와 서술어만으로 만들어진 짧은 문장이었다. 그러나 어떤 시나 위대한 문학도 이렇게 우리의 가슴을 울리지는 못했다.

"주문, 피청구인 대통령 박근혜를 파면한다."

　　제20차, 박근혜 대통령 탄핵과 관련된 마지막 촛불시위가 열렸다. 처음 부터 국민의 힘으로 여기까지 온 것이고 국회와 헌재는 국민의 명령을 이 행하는 수단일 뿐이었다.

　　"어둠은 빛을 이길 수 없다.

　　거짓은 참을 이길 수 없다.

　　진실은 침몰하지 않는다.

　　우리는 포기하지 않는다."

　　해외 언론은 이를 '빛의 축제'라고 칭했다. 2008년 촛불이 2016년 횃 불이 되었다. 3월 10일, 우리는 대한민국의 역사를 새로 썼다.

야당 의원이 되기 위한 **통과의례**를 마치다

등산용 로프와 카라비너(철제 연결고리)는 나와 동지를 연결하는 마지막 고리였다. 민주당 의석수는 한나라당의 절반에 불과했다. 끌어내려지는 것은 그야말로 시간문제. 2008년 12월 27일 저녁, 인간사슬을 만들 도구들이 지급됐다.

30일 저녁 8시, 한나라당과의 최종 협상이 결렬됐다. 국회의장은 즉시 질서유지권을 발동했다. 본청 출입이 모두 봉쇄됐다. 경찰 병력이 속속 본청을 에워쌌다.

본회의장 점거가 열흘을 넘어가고 있었다. 이명박 정권은 정치를, 국민을, 민주주의를 사지로 몰아넣고 있었다. 그리고 민주당 의원들은 본회의장을 우리의 '사지'로 선택했다. 죽든 살든 끝장을 보아야 한다는 데에는 이견이 없었다.

마침내 4일, 국회의장이 임시국회 회기 내에 85개의 MB악법을 직권으로 상정하지 않겠다고 약속했다.

구름이 약간 있었지만 화창했다. 마치 어둡고 긴 터널을 지나온 것 같았다. 이명박 정권하의 국회의원이 되기 위한 통과의례를 마친 것이다. 충무공의 군더더기 없는 단 한 줄의 일기가 떠올랐다.

1579년 5월 16일 "맑음. 오늘 옥문을 나왔다."

정치인 이춘석이 어떤 행보를 걸어야 하는지 알 것 같았다.

국회 등원 첫해인 2008년, 나는 국회의원의 특권의식을 머릿속에서 지웠다.

고 노 대통령께 검찰총장 후보자 낙마를 바치다

#3
2009

"너무 슬퍼하지 마라. 삶과 죽음이 모두 자연의 한 조각 아니겠는가. 미안해하지 마라. 누구도 원망하지 마라. 운명이다."

노무현 대통령은, 바로 억눌린 오늘의 민주주의, 공정함을 염원하는 다수의 국민을 대표하는 상징이었다. 잃은 것이 무엇인지가 분명해지면서 되찾을 것도 명확해졌다. 검찰총장 내정자를 낙마시키고 검찰개혁의 교두보를 확보하라는 것이 준엄한 국민의 명령이었다. 2009년 7월이었다.

강남 고가 아파트 구매 자금 출처와 고급 차 무상사용 의혹, 아들의 병역 관련 의혹 등이 무더기로 쏟아져 나왔다. 조사를 할수록 의혹은 또 다른 의혹을 불러, 이미 청문회를 하기도 전에 터지기 직전의 풍선처럼 부풀어 올랐다. 여론조사 결과 74.2%의 국민이 검찰총장 내정자에 대해 부적합 판정을 내렸다. 마침내 사력을 다해 후보자를 끌어내리라는 당의 방침이 떨어졌다.

이미 한나라당 의원들은 모두 지쳐 나가떨어졌다. 인사청문회에서 끝까지 질의를 던진 사람은 나와 박지원, 박영선, 우윤근 의원 넷뿐이었다. 후보자 신상은 물론, PD수첩, 용산참사 등 현안에 대한 검찰수사의 문제점, 검찰개혁 방안에 대한 질의가 밤 12시까지 이어졌다.

검찰총장 후보자에 대한 인사청문회 제도가 도입된 2003년 이후 처음으로 임명 전 후보자가 사퇴하는 기록을 남겼다. 청와대는 바로 사의를 수용했다.

의원총회가 잡혔다. 우렁찬 박수와 함께 "야당이 국회 내에서 보여줄 수 있는 가장 이상적인 투쟁 모습을 보여준 사례"라는 평가가 쏟아졌다. 언론들은 이를 빗대 "민주당 법사위원들 개선장군 대우"라고 제목을 뽑았고 "마치 잘 짜인 시나리오를 보는 것 같았다"고 극찬을 아끼지 않았다.

내가 기조를 세우면 박영선 의원이 공세를 확장하고, 박지원 의원이 결정타를 먹이면 우윤근 의원이 최종 해결사로 마무리 짓는, 팀워크도 화제였다.

이날 우리는 '법사위 4인방'이라는 훈장을 받았다.

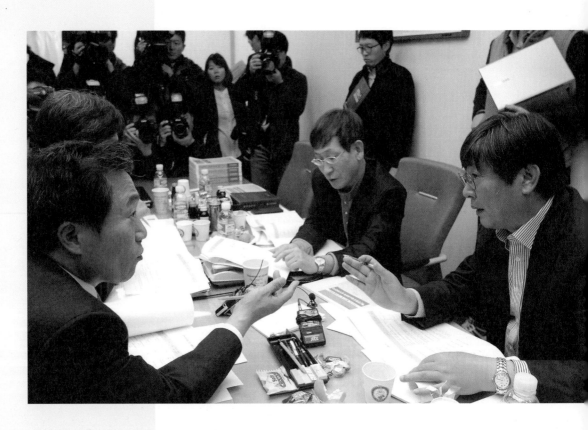

창문도 없는 **쪽방**에서의 전투

2014

2014년 국회 증액회의 현장.

육중한 테이블과 의자도, 마이크도 의사봉도, 두꺼운 회의자료도, 질의서도 없다. 기재부 예산실장, 국회 예결위 수석전문위원, 그리고 여당과 야당 간사, 단 네 명뿐이다.

정부 예산을 놓고 감액만 할 수 있고 증액은 편성할 권한이 없는, 초라한 국회의 현실을 단적으로 보여준다.

이 장면을 공개한 것은 매우 이례적이었다. 언론은 국회의 증액회의를 호텔회의, 밀실회의라고 깎아내렸다. 무수한 민원과 언론취재를 피하기 위한 고육지책이었다. 밤샘 회의로 이어지기 일쑤이기 때문에 과거 선배들은 호텔을 선택했다. 5성급이 아니라 여의도 인근 작은 호텔에서 방을 빌려도 욕을 먹었다. 나는 호텔회의라는 오명은 쓰고 싶지 않았다. 첫날 회의 장면을 공개했다. 국회 본청 구석 쪽방이었다.

언론에서는 나를 예산 사령관이라고 추켜세웠지만, 서류 몇 장만을 들고 그야말로 맨몸으로 부딪혀야 하는 진흙탕 싸움의 현장이었다.

전북 몫으로 신규사업 30개 등 총 44개 사업에 1천8억을 확보했다. 정부 단계부터 편성된 예산을 합하면 6조 원은 추가 달성됐고, 전북의 미래를 이끌 씨앗 산업들도 만족할 만큼 담겼다.

기재부가 마지막 타결을 종용했지만, 나는 최종 승인 대신, 편성되지 않은 사업리스트들이 담긴 서류뭉치를 예산실장 앞에 던졌다. "하려면 하고, 말라면 마라. 다만, 핵심 예산이 담기지 않으면 승인은 없다"는 말과 함께였다.

단 하루 사이, 전북의 사업은 신규 35개 총 53개로 불어났고 수용액은 1천564억으로 껑충 뛰었다. 전북의 숙원인 국립익산박물관 승격 및 증축, 혁신도시 파출소 신설과 3D프린팅 융복합센터 건립, 고창 생물권 보전지역 관리센터 건립 등 굵직한 사업들이 대거 물꼬를 텄다.

호남고속철도, 혁신도시 등 대형사업(1조 1천억)이 마무리돼 전체 예산 규모가 작아진 것을 참작하면 1조 원 이상 증액시킨 성과였다.

볼품없어 보이는 이 자리에 앉기 위해 전북은 오랜 인고의 세월을 보내야 했다. 창문도 없는 구석방에서 이룬 성과였다.

나는 이를 '쪽방 전투'라고 불렀다.

새 역사를 쓴 **필리버스터**를 총괄 지휘하다

필리버스터를 생중계하던 국회방송 시청률이 10배 이상 상승했고, 국회 본회의장에는 직접 필리버스터 현장을 보기 위한 시민들과 체험학습 온 학생들로 북적였다. 필리버스터는 급속도로 국민 사이에 주요 이슈가 되었다.

사진은 본회의장에서 밤을 새우며 다음 날 새벽 시사방송 인터뷰 원고를 작성하는 모습이다. 한 언론의 사진기자가 찍은 사진인데 "필리버스터 원고를 준비하는 이춘석 수석부대표"라는 설명이 달렸다. 오보였지만 사실 나는 9일 동안 새벽 인터뷰 준비로 밤잠을 반납해야 했다.

정의화 국회의장이 2016년 2월 23일 테러방지법을 직권으로 상정했다. 야당은 테러방지법의 처리를 무산시키고 독소조항이 삭제된 수정안을 통과시키기 위한 새 역사를, 당일 19시 5분부터 써 내려가기 시작했다. 무제한 토론은 9일 만인 3월 2일 19시 32분 이종걸 원내대표를 마지막으로, 무려 192시간 27분을 기록, 세계·국내 기록을 경신했다.

　　그때나 지금이나 언론은 야당 편이 아니었다. 지상파 3사는 냉정했고, 종편은 국민의 본회의 방청 열풍을 "구경거리가 된 국회"라고 왜곡했다. 한 경제지는 필리버스터를 하고 있는 의원들의 신상을 털고 재산을 공개하는 기사를 실었다가 여론의 뭇매를 맞았다.

　　JTBC 손석희 앵커만이 "우리가 언제 집회와 시위의 문화와 테러방지법의 쟁점들에 대해 그만큼의 시간 동안 토론하고 설득한 적이 있었던가"라며 그룹 퀸의 「The Show Must Go On(쇼는 계속되어야 한다)」이라는 곡으로 앵커브리핑을 마쳤다. 필리버스터를 정치쇼로 치부한 언론들에 대한 일침이었다.

나는 호남에서의 탈당 러시로 지역 사정이 여의찮았다. 지역에 잠시 있다가도 불시에 KTX에 몸을 실으면 내려갈 날을 기약할 수 없었다. 나는 원내 수석부대표였다.

　전대미문의 필리버스터로 인한 새로운 규칙에도 대응해야 했다. 토론하는 의원이 잠시 화장실을 다녀오겠다는 경우도 처음, 피로에 지친 의장이 부의장과 교대하는 것도 모자라 상임위원장과 교대하는 예도 처음이었다. 잠시의 화장실은 허용하도록 했고, 국회법에도 없는 상임위원장 교대는 할 수 없도록 했다.

언론인터뷰 대응도 큰일이었다. 몇몇 언론을 제외하고 나는 기울어진 운동장을 바로잡는 역할도 해야 했다. 무엇보다 당의 전략과 방침을 전하는 스피커는 나 외에는 수행할 자가 없었다. 나까지 입을 다물면 국민은 궁금증을 해소할 길이 없었다.

가장 주된 질문은 2월 국회 회기 마지막 날인 3월 10일까지 필리버스터를 지속할 것이냐는 것이었다. 테러방지법 다음으로 걸려 있는 선거구 획정 합의안 처리 문제 때문이었다. "새누리당 원내수석부대표를 만났는데 해볼 대로 해보라는 취지로 말했다. 우리는 이미 칼집에서 칼을 뺐기 때문에 끝까지 가보겠다"라고 답했다. 언론은 일제히 "이춘석 수석부대표, 칼집에서 칼 뺐다"라는 헤드라인으로 이 소식을 타전했다. 나는 수시로 새누리당 원내수석부대표를 만나 의견을 교환하고 상대 당의 전략을 살폈다.

결국 3월 2일 민주당은 회군을 결정했다. 선거구 획정이 안 되면 사실 상 국회가 존재하지 않는 비상사태를 맞게 되고 박근혜 대통령은 무소불 위의 권력을 휘두르게 된다. 선관위는 3월 4일까지 처리되지 않으면 사실 상 4월 총선은 불가능하다는 견해를 통보해 온 상태였다. 지지층에서의 반발이 있었지만 9일간 지속된 필리버스터에 쏟아진 국민적 관심은 정치 혐오, 정치 무관심을 일거에 바꿔놓았다는 점에서 큰 의미가 있었다.

실제 필리버스터가 시작됐던 2월 24일 리얼미터 조사에서는 야당지지 42.6%, 정부 여당 지지 46.1%였지만 2월 26일 48.9%, 42.0%로 크게 역전됐다. 보수적인 한국갤럽조차 3월 4일에는 40대 38이라는 결과를 내놓았다.

무제한 토론이 결정될 당시 은수미 의원의 "아마 우리가 질 겁니다. 하지만, 우리가 지는 게 낫지, 어떻게 국민더러 지라고 합니까?"라던 말에 대한 국민의 화답이기도 했다.

야당 분열로 인한 대패를 예상했던 20대 총선에서 수도권 승리를 통해 1당이 되는 것도 모자라 대구에서 수십 년 만에 처음으로 더불어민주당 김부겸 후보 등 야권후보가 당선되는 파란을 일으키며 부산과 경남에서도 9명이라는 놀라운 수의 당선자를 내오는 쾌거를 이뤘다.

　　전북, 전남, 광주 28석 가운데 민주당 후보가 당선된 곳은 고작 3곳이었지만 나 역시 이름을 올릴 수 있었다. 필리버스터로 호남 민심 전체를 되돌릴 수는 없었다. 하지만 당선 여부를 살필 틈 없이 할 일을 한 나에게 "그래, 너는 살아라"라고 말해준 것 같았다.

현직 의원 최초의 **민주당 잔류** 선언

　나를 아끼는 지지자들조차 당을 대변하지 말라고 했다. 더불어민주당에 더 이상 기대가 없다고 말했다. 이미 탈당한 의원들은 어차피 나중에는 하나로 합쳐질 텐데 지금은 국민의당이 유리하니 소나기를 피하라고 조언했다.

　지기로 작정한 것이 아닐까 의심스러울 정도의 오만한 공천 과정, 수권 대신 당권에 혈안이 되어 목매는 행태, 항상 주인이라고 말하면서도 호남민을 수단으로 활용한다는 배신감……. 무엇 하나 쉽게 반박하기 어려운 지적이었고 그것이 호남이 탈당의 진앙지가 된 원인이었다.

　남는 이나 떠나는 이, 양쪽 모두의 어떤 논리도 나를 움직이지 못했다.
　나의 고향은 호남지역 중에서도 더 소외당하고 그늘져 있던 전북이었다. 그간 의정활동을 하면서 전북을 여과 없이 들여다본 심정은 참담했다. 호남과 전북이 배출한 걸출한 지도자들이 여럿 있었고, 정권을 잡아 여당의 수혜를 누린 세월도 10년이건만, 어디에서도 그런 흔적을 찾아볼 수 없었다.

나는 진보나 보수와 같은 어떤 이념적 바탕 위에서 정치를 시작하지 않았다. 하지만 한결같은 믿음과 애정에 기대어 표를 받아놓고 이제 와서 그 책임을 피해 도망가는 정치는 하기 싫었다. 낙후된 호남으로부터 정치인 누구 하나 자유로워서는 안 되었다. 2016년 1월 13일, 나는 기자회견을 했다.

"정권을 교체하기 위해서는 정통성 있는 '전국 정당'이 필요합니다.
이것이 제가 당에 남은 이유입니다.
호남을 팔아 구걸하지 않고, 실력으로 우뚝 설 힘이 필요합니다.
이것이 제가 안주하지 않겠다고 선언한 이유입니다."

당에 남았다. 현직 의원 최초의 잔류 선언이었다. 이 영향으로 전남, 광주에서 파죽지세로 올라왔던 탈당 열풍이 멈췄다.

하지만 나는 어제까지 동지였던 이와 사생결단의 전쟁을 치러야 했다. 피투성이가 된 것은 물론이고 무엇보다 내상이 심각했다. 선거가 끝났다. 수도권 압승, 영남권 약진으로 당은 총선승리라고 자평했다. 호남에서 살아 돌아온 자는 3명에 불과했다.

울컥, 터질듯한 감정이 올라왔지만 후회하지 않았다. 내가 택한 길이었고, 옳은 선택이었다. 나는 조용히 눈물과 함께 피를 닦아냈다.

총선 당선보고 기자회견. 전북에서 단 두 명의 민주당 당선자가 나온 것은 사상 처음이었다.

아직은 등을 보일 때가 아니다

보좌진이 찍은 나의 뒷모습이다. 연말 예산 심의 때인지, 아니면 국회 내 대기령 중이었는지 기억이 없다. 따라서 구부러진 어깨가 전북 예산으로 인한 고민 때문이었는지, 풀리지 않는 정국 탓이었는지도 알 수 없다. 필시 손에 든 간식 봉지로 보아 밤이 길었던 날이었을 것이다.

아이들은 아버지의 등을 보고 자란다고 한다. 뒷모습은 꾸밀 수 없기에 어쩌면 더 정확하고 정직하다. 나 역시 많은 뒷모습을 보았다. 정치인이 된 후 영광은 찰나라는 것도 무수한 경험 속에서 깨우쳤다. 그러한 기억까지 덧대어 나의 뒷모습이 만들어지고 있을 것이다.

나 역시 떠날 때가 있음을 안다. 함께하는 것이 꼭 박수가 아닐 수도 있다. 하지만 목전에 과제가 있고, 그에 내가 쓰임이 있다면, 지금은 아니다. 익산 시민이 아직 나를 믿어주고 있다면, 지금은 아니다.

나는 다시 한번 회오리치는 정국 속으로 들어간다.

노골적으로 전북의 목을 조르는 정권이 여전히 건재한 지금은, 더욱 등을 보일 때가 아니다.

Not yet……. Not yet…….

윤석열정부 시대를 살아내려면

개와 늑대의 시간

'개와 늑대의 시간'은 어스름이 짙어가 저 너머에서 다가오는 실루엣이 반가운 개인지 사냥감에 달려드는 늑대인지 분간하기 어려운 시간대를 말한다.

적(敵)과 아(我)가 구별되지 않는, 낮과 밤이 만나는 때다.

2013년 당시 윤석열 대통령은 국정원 수사 관련 '항명 사태'로 급부상한 국민의 영웅이었고, 나는 낮에는 거리에서 국정원을 개혁하자는 전단을 돌리고 밤에는 A4 8박스 분량의 국정원 대선 개입 범죄사실을 파헤쳐 분석해야 하는, 야당 국회의원이었다.

이 글은 "그때는 왜 몰랐느냐"는 질문에 대한 답이기도 하다.

1. 전 국민 앞에서 벌어진 대질(對質)

수원지방검찰청 여주지청장 윤석열 이렇게 된 마당에 사실대로 다 말씀을 드리겠습니다.

일단 처음에 좀 격노하셨습니다. 그리고 "야당 도와줄 일 있느냐? 야당이 이 것을 가지고 정치적으로 얼마나 이용하겠느냐? 정 하려고 그러면 내가 사표 내면 해라. 그리고 우리 이 국정원 사건 수사의 순수성이 얼마나 의심받겠느냐?" 이런 말씀을 하시기에 저는 '아, 검사장님 모시고 이 사건을 계속 끌고 나가기는 불가능하다' 라고 판단했습니다.

2013년 10월 21일 국정감사장이었다. 탄식이 흘러나왔다. 배석한 검찰 간부들 사이에서는 "이제 간판을 내려야 한다"는 자조도 나왔다. 방어하는 여당 의원과 공격하는 야당 의원 모두, 상황이 어디로 튈지 모른 채 질의를 이어갔다. 시간이 흘러도 긴장감은 사라지지 않았고 답변하던 검사장과 부장 검사의 얼굴은 시종일관 굳은 채였다.

언론들은 시시각각으로 그들의 갈등을 속보로 내보냈다. 형식은 국정감사였지만 실제로는 의원들의 입을 빌린 중앙지검장과 윤석열 특별수사팀장의 대질 현장이었다.

둘의 갈등은 2012년 대선 당시 박근혜 대통령 후보에 우호적인 댓글 및 트위터를 운용하다가 발각된, 국정원 직원들에 대한 수사에서 비롯됐다. 국정원 직원에 대한 체포영장 청구부터 국정원의 반발과 석방까지 무슨 일이 있었는지 국정감사 현장에 국민의 이목이 쏠렸고, 나는 이례적으로 국감 도중 뉴스 생방송에도 대응해야 했다.

JTBC 뉴스 / 손석희 앵커 국회 법사위 국정감사가 아직 서초동 고검에서 진행 중인데요. 현장에 있는 이춘석 법사위 간사를 연결해서 오늘(21일) 쟁점에 대한 입장 잠깐 들어보겠습니다. 이춘석 민주당 의원, 국정감사 중에 잠깐 나와 주셨습니다. 엇갈린 주장, 누구 말이 맞습니까?

이춘석 간사 윤석열 팀장은 본인이 4차례에 걸쳐 검사장을 설득해 (공소장 변경을) 재가받았다고 했습니다. 재가를 받는 조건으로 당시 긴급 체포한 국정원의 직원을 구속하지 않는 조건이 있었다고 주장하고 있습니다. 제출된 공소장 변경서를 보아도 윤석열 팀장의 명의가 아닌 ○○○의 이름으로 제출되어 있습니다. 지검장이 재가하지 않았다면 새로 임명된 사람이 사인하고 제출할 이유가 없다고 생각합니다. 그런 면에서 윤 팀장의 말이 맞는다고 봅니다.

손석희 앵커 윤석열 팀장의 "외압을 느꼈다"라는 부분에 대한 견해는 무엇입니까?

이춘석 간사 외압의 문제는 이제는 의혹이 아니라 팩트라고 봅니다. 법무부 장관도 외압을 행사했을 뿐 아니라 지검장의 구체적 진술도 있습니다. "야당 도와주려는 것이냐, 내가 사표 낸 뒤에 하라"는 식의 발언을 외압으로 받아들이지 않는다고 하면 어불성설입니다.

손석희 앵커 국정원 5만 7천여 건의 트윗글에 대한 재판은 어떻게 전망하십니까?

이춘석 간사 지금 발견된 것은 빙산의 일각입니다. 수사 잘하는 팀을 찍어낸다고 하면 수사를 하지 말라는 것과 같습니다. 야당은 이를 총력으로 지켜낼 것입니다.

나는 당시 윤석열 팀장을 옹호했다.

2. 선거 3일 전, 밤 11시 발표된 수사 결과

* 여직원이라는 표현을 쓰고 싶지는 않지만, 당시 새누리당이 "28살의 여성을 감금했다"며 여성에 대한 인권탄압이라고 주장해 '국정원 여직원'이 관용어로 굳어지게 되었다.

발단은 2012년 대통령 선거 당시 인터넷 댓글을 달며 여론을 조작하다가 발각된 국정원 여직원* 사건이었다. 제보를 받고 현장에 도착한 민주당 관계자와 경찰이 문을 열 것을 요구했지만 오피스텔을 잠그고 나오지 않으면서도 스스로 감금되었다고 주장해 '감금 아닌 잠금'이라는 유행어가 만들어지기도 했다.

당연히 국정원 댓글 사건은 대선에서 큰 이슈가 됐고, 12월 16일 마지막 대선후보 TV 토론 쟁점 역시 이 사건이었다.

그런데 토론 도중 박근혜 후보는 돌연 "실제로 그 여직원이 댓글을 달았느냐, 그것도 증거가 없다고 나왔지만"이라고 말했다. 수사 결과를 알고 있는 듯한 단정적 발언이었다.

이미 당일 오후 2시경 새누리당 선대위 총괄본부장의 "아무런 댓글을 발견하지 못했다는 정보가 들어오고 있다. 오늘 중 수사 결과를 발표해달라"는 공개 요구가 있었다. 밤 10시 40분경 "국가적 관심사라 오늘 중 수사 결과가 나올 것"이라는 사전고지도 나왔다. 경찰청이 아니라 새누리당 선대위 대변인에 의해서였다. 수사 기밀 공유와 경찰청과의 공조를 이렇게 공개적으로……? 너무 당당해서 오히려 자연스럽고 당연하게 느껴질 정도였다.

아니나 다를까. 서울지방경찰청은 TV 토론이 끝나자마자 국정원 여직원은 아무런 잘못이 없다며 긴급기자회견을 했다. 밤 11시였다. 분석 작업에 착수한 지 불과 사흘 만이었다. 이례적이라고 하기에는 너무 기이하고 비상식적이었다.

이후 새누리당과 경찰, 국정원 사이의 긴밀한 공조 정황이 밝혀지면서 거센 논란 끝에 국회에서 청문회가 이뤄졌지만, 이미 박근혜 후보가 대통령이 된 다음이었다.

3. 혜성처럼 나타난 윤석열 팀장

국정원 댓글 사건은 2009년부터 2012년, 이명박 정부부터 박근혜 후보의 대선 승리까지 국가정보원과 국방부 사이버사령부, 국군기무사령부 등 국가의 뼈대를 이루는 기관이 여론을 조작한 사건이었다.

미국의 워터게이트 사건은 닉슨 대통령이 민간인들을 고용한 도청 사건이었지만, 이 건은 공적 기관, 특히 안보와 국방을 책임지는 막강한 권력기관이 국가 예산으로 여론 조작을 주도했다는 점에서, 국민의 충격은 더욱 컸다.

더욱이 국정원 심리전단과 국방부 사이버사령부는 대북 심리전을 전담하는 곳이었다. 이들은 북한과 관계가 악화될 때마다 이를 이유로 인력 증원, 예산 증액을 승인받아 왔다. 그런데 그 조직이 북한이 아니라 자국의 국민을 상대로 심리전을 벌였다. 국민의 불안을 씻어내기는커녕 오히려 이용했다는 배신감·모욕감에, 대다수 국민은 아연실색했다.

다시 이러한 일이 일어나지 않으려면 국회가 나서야 했다. 애초 국정원 댓글 사건은 야당에 대한 제보로 시작됐다. 국방부의 대북 심리전을 하는 부서에서 이뤄진 파렴치한 여론 조작 행위가 알려진 경위도 제보였다.

그러나 강제수사와 국회 청문회는 차이가 있었다. 그때 함께 시작된 것이 검찰수사였다. 모든 권력기관이 범죄를 의심받는 마당에 검찰은 최후의 보루처럼 보였다.

윤석열 팀장은 그때 국민 앞에 혜성처럼 나타났다.

4. 본질은 검찰과 국정원의 싸움

법무부와 검찰 수뇌부가 수사를 방해한다며 나선 그의 당당함에, 국민은 환호했다. 나는 윤석열 팀장과 중앙지검장의 관계를 알고 있었다. 무리해서라도 그를 국정원 사건 수사팀장에 끌어올려 준 것이 중앙지검장이었다고 듣고 있었다. 온 국민이 지켜보는 현장이었다. 윤 팀장이 그를 구석으로 몰아붙이자 중앙지검장은 당혹감과 배신감에 눈물을 감추지 못했다.

분명 쉽지 않은 결단이었다. 나는 진실을 밝히는 정의로운 검사이기를 진심으로 바랐다. 그러나 어제까지 살뜰히 자신을 살피던 상관을 온 국민

검사들에 공소장 재검토 맡겨

...자는 '선거법 전문가인
...용인데 6개월 동안
...수사팀 검사들이 내
...이 왜 대검 공안 검사
... 없다. 공안이 재검
...검찰 스스로 불신

... 않은 채 국정원
...공소장을 변경
...불가피한 측면
...은 지난주 초
...두로 영장 청
...미적대자 결
...으로 알려졌
...국정원에

이춘석 국회 법제사법위원회 간사(왼쪽 둘째)와 그의 보좌관들이 20일 낮 국회 의원회관에서 2000쪽이 넘는
소장 별지 내용을 살펴보고 있다.

의 비난거리로 만들어 버리는 개인의 결기는 어디에서 기인하는지, 확신하기 어려웠다. 적어도 생중계 현장에서 이뤄진 거침없는 발언 수위는 내 상식에서는 경계 밖의 일이었다. 그것은 공개 사냥이었고, 궁지에 몰린 지검장은 순식간에 상처투성이가 됐다.

국감이 끝난 뒤 2013년 11월 29일, 공소장 변경에 따른 범죄 일람표와 증거자료를 제출받았다. 대선과 정치개입 관련 트위터 글 121만 건으로, 3~4포인트 정도의 깨알 같은 글자가 빽빽하게 양면으로 복사된, A4 8박스에 달하는 양이었다. 국정원은 이를 파일로 제출받아 이미 반박 브리핑을 한 바 있었고, 검찰의 재반박도 이어지는 와중이었다. 국회만이 이 엄청난 양을 수작업으로 분석하고 있었다. '너희가 낄 자리가 아니다. 분석하려면 해보든가' 라는 속내가 전해졌다. 야당 제보로 시작된 일이고 국회

국정원의 대선 개입 관련 트위터 글 121만 건, A4 8박스에 달하는 양의 공소장 별지를 분석했다.
〈한겨레신문 2013. 10. 20〉

에서 확산돼 오늘에 이르렀는데, 노골적 홀대였다.

　나는 그때 깨달았다. 이것은 국민을 바라보는 수사가 아니라 국정원과 검찰의 싸움이라는 것을. 검사 윤석열의 수사팀 역시 국정원에 굴종하는 검찰 선배들이 성에 차지 않아 국정원에 칼끝을 겨누었을 뿐인 것을. 그저 서로가 편리하게 '국민의 뜻'을 차용했을 뿐인 것을.

　2017년 문재인 정부가 들어서자 그는 칼잡이의 면모를 유감없이 보여줬다. 서울중앙지검장으로 취임하자마자 국정원 사건으로 이명박 박근혜 정부의 요직을 대거 구속했다. 또다시 국민은 큰 박수를 보냈다. 나 역시 그 결과는 사필귀정이라 여기면서도 그가 입버릇처럼 말하는 "국민만 바라보고 법과 원칙에 따라……"라는 말에는 동의가 쉽지 않았다.

5. 나의 결론은 '반대'였다

2019년 민정비서관이 찾아왔다. 밀봉된 서류를 내밀었다. 윤석열 서울 중앙지방검찰청장을 검찰총장으로 임명하려고 하는데 이에 대한 의견을 달라는 것이었다.

나는 물었다.

"대통령이 직접 보시는 것입니까?"

"예. 그런데 왜……?"

"직접 보신다고 하면 낱낱이 기록하고 아니면 간단히 의견 표명하는 것으로 끝내려고 합니다."

"대통령님이 직접 검토하시니 자세히 적어주십시오."

"나는 사람에 충성하지 않습니다. 조직에 충성합니다."

그에게는 애초 충성할 사람이 없었다. 뼛속까지 검찰주의자이자 특수부 지상주의자였다. 적어도 2013년 국감장을 울렸던 그 말은 사실이었고, 진심이 담긴 말이었다. 중앙지검장까지는 임명권자와 자기 뜻이 다르지 않았다. 여권의 든든한 지지와 무엇보다 국민의 신망이 함께하고 있었다.

그러나 검찰총장은 달랐다. 검찰은 국정원과 군, 경찰까지, 전통적인 권력기관을 모두 밟고 올라왔다. 검찰이 가장 센 권력기관이 됐다는 것에 누구도 토를 달 수 없었다. 검찰 내부에서도 모든 부서를 제치고 특수부 세상이 됐다. 검찰조직의 수장이 됐을 때, 그가 어떻게 표변할지 아무도 예측할 수 없었다. 적어도 문재인 정부에 충성하지 않을 것이라는 점만은 분명했다.

나의 결론은 '반대'였다. 서류를 밀봉해 민정비서관에 건넸다. 내가 법사위와 국회에서 경험하고 느낀 바가 대통령에게 가감 없이 전달되기를 간절히 바랐다.

다음날 조국 민정수석과 통화를 했다. 걱정하는 바는 다르지 않았지만, 윤석열 지검장 외에 별다른 대안은 없는 듯했다. 하지만 내밀한 사정을 깊이 묻지는 않았다. 인사 문제였다.

하지만 당시 법사위원이었던 만큼 청문회에서 그에 대한 우려를 표명해야겠다고 생각했다. 검찰개혁을 염원하는 국민은 그가 유일한 대안이라고 믿고 있었다. 나의 발언이 국민의 반발을 불러올지라도 그의 성향이 큰 위험을 내포하고 있다는 사실을 알려야 했다. 공교롭게도 청문회를 앞두고, 나는 본회의에서 투표를 통해 기재위원장으로 선출됐다. 상임위를 맞바꿔 사·보임할 정성호 의원과 고민을 나눴다. 그는 이미 나와 같은 생각이었다.

2019년 7월 8일 법사위 검찰총장 후보자(윤석열) 인사청문회.

정성호 위원 법무부 장관이 구체적 사건에 대해 지시하게 되면 그걸 들어야 합니까? 어떠세요, 의견이? 제8조에 있는 구체적 사건에 대한 법무부 장관의 지시 관련해서, 총장에게 지시하면 들어야 합니까, 안 들어야 합니까?

검찰총장 후보자 윤석열 원칙적으로 검찰청법의 해석상 장관이 총장에게 직접 지휘권을 행사해야 하고요. 그리고 그 지휘가 또는 그 지시가 정당하면 따라야 하고 정당하지 않으면 따를 의무가 없다고 생각합니다.

정성호 위원 그러니까 그런 지시가 정당한지, 정당하지 않은지 그 판단을 또 누가 하겠습니까?

이어 정성호 의원은 "검찰 구성원들이 조직에 충성한다는 미명 아래 결국 국가와 국민을 보지 않고 자기 이익의 관점에서 조직의 논리에 굴복할 수 있는 경향이 너무 강하다"고 경계를 당부했다. 그는 "예"라고 답했지만, 7월 취임 후 우려는 현실이 됐다.

2019년 8월 조국 민정수석이 법무부 장관 후보로 지명되자 윤석열 총장은 청문회를 앞두고 압수수색을 감행했고, 9월 6일 청문회 도중에 배우자인 정경심 교수를 전격 기소했다. 많은 걱정과 고민 끝에 그를 검찰총장으로 세웠던 조국 전 법무부 장관은, 취임한 지 35일 만에 사퇴했다. 온 가족이 입은 피해는 몸서리쳐질 정도로 슬프고 끔찍했다.

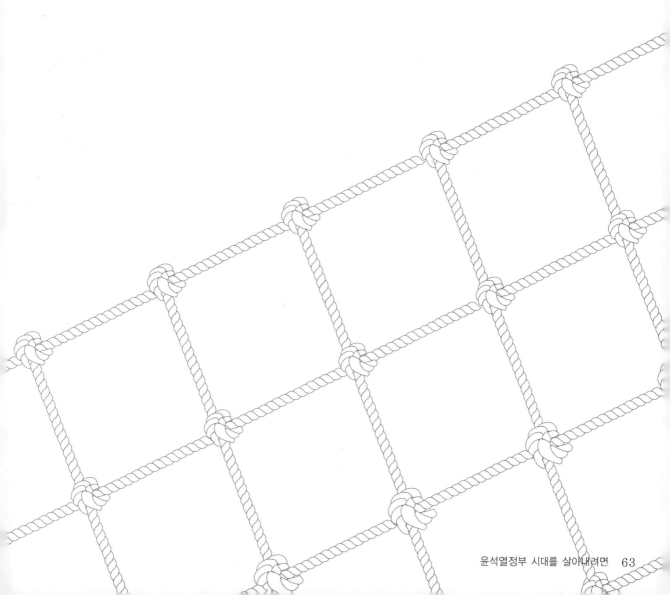

II-2

윤석열정부 시대를 살아내려면

세력과 가치의 전복

국회사무총장으로서 문재인 대통령 부부를 마지막으로 영접했다. 윤석열 대통령의 취임식, 2022년 5월 10일.

손바닥에 왕(王)자를 쓰고 대선후보자 토론회에 참석했을 때, 정체 모를 법사와 스승이 공적 영역에서 활개를 치고 대통령 관저 터를 풍수가 돌아봤다는 보도가 나왔을 때 윤석열 정부가 끌고 가고자 하는 사회가 '청동기시대'인 듯싶었다. '신을 받들고 제사하는 일을 정치의 중심으로 삼으려 한 정치 형태'. 제정일치 (祭政一致) 사회였다.

노동력, 많은 시간이 필요한 고인돌은 청동기시대를 대표하는 유적임이 틀림없다. 아마 현대적으로 표현한다면 '양평고속도로' 정도가 될 것이다. 그러나 윤석열 정부의 실체에 비한다면 청동기시대 따위는 오히려 낭만적인 상상이다.

1. 검찰개혁의 다음 적임자는

    남은 건 검찰의 적폐였다. 2019년 4월 30일 자유한국당을 제외한 여야 4당은 검경 수사권 조정 법안과 공수처 신설 법안을 패스트트랙(신속처리 안건)에 올렸다. 당시 문무일 검찰총장은 반대의견을 표명하기 위해 해외 출장을 중단하고 복귀했다. 문 총장의 임기는 7월 24일까지였다.

    검찰개혁을 완수할 후임 검찰총장의 역할이 그 어느 때보다 중했다.

    "일종의 검찰총장 후보자 면접 과정에서 '자기야말로 문재인 정부하고 운명을 같이 할 수밖에 없는 사람이다' 라는 얘기를 첫 번째로 했고요. 적폐 청산 수사가 검사로서 자기의 아이덴티티인데 만약에 정권이 저쪽으로 넘어가게 되면 자기를 1번으로 칠 것이다. 그러니 나는 당연히 문재인 정부하고 운명을 같이 할 수밖에 없다고 생각하고 절대로 배신할 수 없는 사람이라는 식의 어필을 했고, 그다음에 두 번째로는 정책적으로 큰 거짓말을 했죠. 검찰개혁은 더 폭넓게 더 센 강도로 해야 한다. 그다음에 검찰의 수사권은 폐지되는 것이 맞다. 공수처의 기능은 더 강화돼야 하고 지금의 모습보다 더 확대되고 권한이 커져야 한다. 이런 얘기들을 했죠. 소위 말하는 문재인 정부가 지향하고 있는 검찰개혁의 모습이나 방향성에 억지로 주파수를 꿰어맞추는, 그런 연기 내지는 거짓말을 했다, 제가 직접 듣지 않아서 내 앞에서 거짓말하더라, 이렇게까지 말씀드릴 수는 없지만 그런 얘기들을 했다는 것을 나중에 다른 통로를 통해서 들었으니까……."

    〈2023.8.7, 오마이TV '오연호가 묻다', 최강욱 민주당 의원 인터뷰〉 중 당시 민정수석실 공직기강비서관이었던 최강욱 전 의원이 윤석열 검찰총장의 임명 비화를 공개했다. 출제자의 의도에 맞춤한 답변이었다. 임명권자가 확인하고자 하는 바를 온몸으로 웅변했을 것이며 정답에 열정까지 얹어졌으니 그는 더없는 적임자로 비쳤을 것이다.

2. 살아있는 권력과 국민 약자는?

이후 조국 법무부 장관이 물러나고, 추미애, 박범계 장관에 이르는 지난한 과정에, 말을 더 보탤 필요는 없을 것이다. 다만, 한 가지. 추미애 전 법무부 장관이 수사지휘권을 발동했던 5가지 사건은 다시 상기할 필요가 있다.

1. 라임자산운용 관련 비위 사건
2. (주)코바나 관련 협찬금 명목의 금품수수 사건
3. 도이치모터스 관련 주가조작 및 주식 매매 특혜 의혹 사건
4. 요양병원 운영 관련 사건
5. 전 용산세무서장 뇌물수수 사건 및 사건 무마 의혹

1번과 5번은 검찰 내에서 막역했던 전 대구고검장이자 국민의힘 충북도당위원장인 최측근 윤ㅇㅇ과 그의 형이 관련된 사건이다. 수사지휘권 발동으로 윤 검찰총장이 직무 배제되자, 윤ㅇㅇ은 두 달 만인 2020년 12월 전격 구속됐고, 윤 씨의 형인 전 용산세무서장은 세무조사를 무마해 주며 뒷돈을 챙긴 혐의로 징역 5년이 구형됐다.

나머지 3건의 사건은 모두 윤 대통령의 가족과 관련된 의혹이다. 4번과

관련해 장모 최 모 씨도 2021년 징역 3년형으로 구속됐다. 두 달 만에 보석으로 풀려났지만 2023년 7월 21일, 항소심에서 다시 법정 구속됐다. 그는 이번에도 두 달 만인 지난 9월, 보석을 신청한 상태다.

2번은 부인 김건희 씨가 운영했던 기획사 코바나컨텐츠의 수상한 협찬금 사건이다. 윤석열 총장이 내정될 당시 전시회를 열었는데 당시 후원사 중 상당수는 당시 검찰 수사·재판과 관련이 있었다. 3번은 도이치모터스 주가조작에 부인 김 씨가 관여해 이득을 취했다는 의혹이다.

과거 윤석열 검찰총장은 추미애 장관에 의해 직무에서 배제되자 이에 거세게 반발하며 "국민이 원하는 진짜 검찰개혁은 살아있는 권력의 비리를 눈치 보지 않고 공정하게 수사하는 것"이라고 밝힌 바 있다. 또 "국민의 검찰은 그것을 통해 약자인 국민을 보호해야 하는 것"이라고 덧붙였다.

김건희 여사에 대한 코바나컨텐츠 협찬 의혹은 모두 무혐의 처리됐고, 도이치모터스 주가조작 사건은 관련자들이 2021년 기소된 후 2년이 다 되어가는데도 아직 김 여사를 조사하지 않고 있다.

검찰에게 살아있는 권력은 여전히 문재인 정부이고, 보호받아야 하는 국민 약자는 오직 김건희 여사뿐인 듯하다.

3. 검찰통치 선언의 배경

과거에 정치검찰이라고 하면 집권 세력과 밀착되어 그의 눈치를 보면서 검찰권을 남용하는 것을 일컬었지만, 이제는 정치검찰이 진화하여 스스로 정치를 좌우하는 검찰정치 단계에 이른 정치검찰이거나, 검사가 정치권·행정권으로 진입하여 직접 통치권을 행사하는 검사통치의 단계에 이르렀다.

– 참여연대, 『검사의 나라 이제 1년』 중

윤석열 검찰총장은 마침내 대통령이 됐다. 예상대로 검찰에 의한 통치가 시작됐다.

대통령비서실의 인사기획관, 인사비서관, 총무비서관, 부속실장, 공직기강비서관, 법률비서관, 국제법무비서관 등의 자리가 속속 검사나 검찰공무원으로 채워졌다. 대통령실의 인사, 자금, 대통령 일정, 인사 검증과 기강까지, 중추조직을 모조리 검찰이 장악했다.

정부 곳곳에도 검사 상당수가 둥지를 틀었다. 그의 수사 경험이 교육이라면 교육전문가로, 금융이라면 금융전문가로, 방위산업이라면 국방전문가가 됐다. 오랜 세월 그 분야를 고민해 온 전문가는 일순 무릎을 꿇어야했다. 일각에서 터진 비리를 들여다보았다는 오만함은, 자신들이 모든 것을 알고 있다는 자만감으로 커졌다. 검찰통치 선언을 할 수 있었던 배경이었다. 키울 줄은 모르되 파헤치는 것에 달통한 이들이 정부 요인이 된 것이다.

참사로 순식간에 100명이 넘는 청년이 죽어 나가도 도의적·정치적 책임은 없었다. 이것은 형법에는 없는 단어였다. 어지러운 참사 현장, 국민의 안전을 개인의 판단에 맡기지 않기 위해 만들어진 것이 매뉴얼이었다. 책임자 없는 현장에서 피와 절규와 땀이 엉킨 사태를 직면한 이들만이 문책 선상에 올랐다.

"죽음으로 죽음이 덮이고 통곡이 또 다른 통곡에 의해 잦아드는 이 참담한 상황을 어찌할 것인가."

정의구현전국사제단은 시국미사에서 목을 놓아 울었다.

4. 청동기시대를 상상하며

　윤석열 정부의 실체는 무엇인가, 대다수는 의아했다. 국민의힘 당을 모태로 했으되 입당한 지는 몇 개월 되지 않았다. 무엇보다 그는 이명박 박근혜 대통령은 물론, 그 정부 요직을 모두 잡아들인 검찰의 칼잡이였다. 그가 보여 줄 미래가 무엇인지, 그의 세력 기반으로는 상상이 쉽지 않았다.

　그가 손바닥에 왕(王)자를 쓰고 대선후보자 토론회에 참석했을 때, 그의 성공을 기원하는 굿이 벌어졌다는 보도가 나왔을 때, 일순 그가 끌고 가고자 하는 사회가 '청동기시대'인 듯싶었다. 정체 모를 법사와 스승이 공적 영역에서 활개를 치고 대통령 관저 터를 풍수가가 돌아봤다는 얘기에서도 그랬다. '신을 받들고 제사하는 일을 정치의 중심으로 삼으려 한 정치 형태'. 제정일치(祭政一致) 사회였다.

　더 실감한 이유는 "가난한 사람은 자유 필요성을 못 느낀다", "가난하

면 부정식품이라도 선택할 수 있어야 한다"는 발언에서였다. 위정자의 발언이라기에는 노골적이었다. 지배층과 불평등 사회를 당연시하는 것 역시 청동기시대의 특징이다.

노동력, 많은 시간이 필요한 고인돌이 그저 취미로 만들어졌다고 보기는 어렵다. 재력과 절대권력이 있었기에 가능했을 것이다. 그래서 고인돌은 청동기시대를 대표하는 유적임이 틀림없다. 아마 현대적으로 표현한다면 '양평고속도로' 정도가 될 것이다.

그러나 이러한 소감은 해괴한 장면을 백주에 대면한, 인상기에 지나지 않는다. 본질은 따로 있었다. 윤석열 정부의 실체에 비한다면 청동기시대 따위는 오히려 낭만적인 상상이다.

5. 반촛불 세력의 반동기를 지나며

촛불혁명으로 들어선 문재인 정부는 정권 재창출에 실패했다. 프랑스 혁명이 테르미도르 반동기를 거쳐 나폴레옹을 만나 오랜 암흑기를 겪었듯 대한민국 역시 그러하다.

윤석열 대통령이 대선에서 승리하면서 탄핵에 맞섰던 반촛불 세력이 결집했다. 애초 주축은 검찰개혁을 반대해 좌천됐던 검찰 세력이었다. 그러나 곧이어 옛 친이계, MB 청와대에서 일했던 이들이 등용됐다. 검찰은 생명을 의탁할 친위대나 이들만으로는 어려웠다. 정치는 몰랐던 까닭이다.

동시에 박근혜 탄핵 요구 촛불집회가 이어지던 2017년 1월 출범했던 '한국자유회의'의 인사들이 속속 주요 자리를 채웠다. 뉴데일리는 이들이 "이른바 '광장의 촛불'이 법치를 무시하고 위협하는 헌정 위기 상황의 타

개를 위해 단체를 창립했다"고 보도했다.

시사저널은 "한국자유회의 멤버들, 尹 정부 곳곳에"라는 기사 (2023.9.18)에서 통일부 장관, 국가안보실 1차장, 진실·화해를 위한 과거사정리위 위원장과 방송문화진흥회 이사, 국민권익위 부위원장, 국가기록관리위 위원장, 자유총연맹 부총재 등이 이 단체에 소속 내지 관여했다고 밝히고 있다. 이들의 뒤에는 뉴라이트 사관도 어른거린다고 썼다. 윤 정부는 이들로도 부족해 소위 '아스팔트 보수'에 극우 유튜버를 중용하더니 급기야 2022년 12월, 적폐 수사로 형을 살던 이들을 대거 사면했다.

경향신문은 "이명박·박근혜 정부에 대한 수사는 윤석열 대통령이 서울중앙지검장이던 시절 이뤄졌다"면서 "불과 수년 전엔 적폐로 몰아 처벌

마지막 시정연설을 위해 국회를 방문한 문재인 대통령을 맞이했다. 2021. 10. 25

해 놓고 지금 와서는 국민통합을 위해 풀어준다는 게 말이 되나. 자가당착이요 자기부정"이라고 비판했다.

프랑스는 1789년 대혁명 이후 혁명과 반혁명, 왕정과 공화정을 번갈아 겪었다. 이 과정에서 '변할수록 옛 모습을 닮아간다'는 말이 나왔다. 대한민국은 바야흐로 반동기(反動期)를 지나는 중이다. 프랑스는 1848년 이른바 '국민국가의 봄(Spring of Nations)', 자유·평등의 근대 시민사상이 정착되어 새로운 시대가 찾아올 때까지 무려 44년이라는 혼란기를 보냈다.

검찰총장이 대선에 출마한 이유에서도 분노와 복수 외에 특별한 내용을 찾기 어렵다. 딱히 하고 싶은 일도, 훈련된 바도 없는 듯하다. 촛불의 실패로 모든 기득권 세력이 모였다. 그는 자신이 잡아넣었던 이들을 풀고 옹호했다. 옛 모습을 닮아가는 정도가 아니라 세력과 가치의 전복이 역대급이다. 문민정부 이후 이렇게 극단적 세력이 국정을 장악한 전례는 찾기 어렵다.

그를 품었던 문재인 정부의 배를 가르고 나와 출마한 그는, 결국 과거의 자신까지 삼켰다. '교활(狡猾)'의 본능이자, 그를 선택한 우리의 슬픈 운명이다. 촛불에 나섰던 많은 국민과 정치적 반대 진영, 시민사회단체, 노조, 언론은 반촛불 세력에 의해 지금, 무자비한 역공을 받는 중이다.

윤석열정부 시대를 살아내려면

예산으로
전북의 심장을 쏘다

새만금 공항 예정 부지

정부가 새만금 예산의 8할을 잘라냈다. 예산으로 재정자립도 최하위 23.8%인 전라북도의 목을 조른 것이다.

3살 아이 같은 화풀이가 아니다. 호남으로부터 전북을 분리하고 새만금의 예산을 전국에 뿌려, 다른 지자체가 대신 견제하고 반대하도록 구조를 짰다. 전략이라기엔 야비하고 잔머리라기엔 교묘하다.

정부의 방관 속에서 새만금은 어느덧 전북의 급소(急所)가 되었다. 노출되면 여지없는 치명적 약점이 된다. 윤석열 정부는 바로 이곳을 파고들었다.

1. 기재부 시트가 닫히기 직전 가해진 '예산 폭력'

정부는 2023년 8월, 새만금 관련 예산 79%를 삭감하고 사업을 전면 재검토하겠다고 밝혔다. 새만금 간척지를 제대로 활용할 수 있도록 '새만금 기본계획'을 다시 수립하겠다고도 했다. 그러면서 잼버리 파행과는 아무런 상관이 없다고 한다.

여야, 보수·진보, 영호남을 막론하고 잼버리 파행과 관계없다는 말을 믿는 사람은 없다. 이정현 순천시 전 의원은 "3살짜리 같다"고 비판했다. 정부의 이 노골적인 반응은 '무조건 반사'처럼 보이기도 한다. 그러나 섬뜩한 이유는 이것이 즉자적 반응이 아니라는 데 있다.

정부 예산안이 만들어지는 절차는 통상 다음과 같다.

1월 국가재정운용계획을 시작으로 4월, 부처별 한도액이 결정되면 각 부처는 5월 말까지 예산안을 편성해 기재부에 제출한다. 지자체와 국회는 일찌감치 촉수를 대고 있다가 4월부터는 부처와 기재부의 동향을 살펴 대응을 시작한다.

기재부는 제출된 부처별 예산안을 놓고 6월부터 삭감과 증액 심의를 시작한다. 전북도가 기재부에 본격 대응반을 편성하는 것도 이때다. 기재부의 심의 상황에 대한 일일 보고가 시작된다.

기재부가 1차 삭감을 끝내고 7월, 2차 심의를 하는 동안 전북도와 국회의원들은 당정협의회를 통해 지역구·상임위별로 전략을 수립한다. 8월 초 기재부의 3차 쟁점 사업 검토가 끝나면 보통 15일을 전후해 기재부는 시트를 닫고 8월 말 국무회의 의결을 거쳐 9월 정기국회에 예산안을 제출한다.

새만금 동서도로

따라서 보통 휴가철인 7~8월이 예산 정국에서는 열(熱)의 달이다. 정부 예산 막바지인 만큼 더 넣고 빼려는 경쟁으로 가장 뜨겁다.

이때였다. "전북도가 잼버리를 핑계로 SOC 예산 11조를 받아 갔다. 이는 대국민 사기극이다"라는 주장이 나온 것은. 기재부의 시트가 닫히기 직전인 8월 11일이었다. 이 발언으로 이후 정부 대응은 '예산 폭력'으로 급선회했다. 해당 의원은 기재부 예산실 출신으로 예산편성 과정에는 달통한 이였다. 현재 국민의힘 예결위 간사이기도 하다.

전북도는 잼버리 행사와 그 후폭풍으로 예년처럼 예산에 신경 쓸 겨를이 없었다. 잼버리 책임소재를 가리기 위해 국정조사와 감사원 감사를 거론하며 공방이 이어지던 와중이었다. 집중 공세에 비틀거리는 몸과 정신을 수습하기도 어려운 때, 정부와 국민의힘은 전북의 심장을 정조준했다.

2. 열흘이 지나 감지된 예산삭감

보도를 보면 6월 15일 전북지사와 국회의원들의 현안 회동 이후 8월 17일 조찬 간담회가 있었다. "무더위 속 내년 전북 예산확보 전력 구슬땀"이라는 보도자료 제목을 보아도 잼버리와 새만금 SOC 연계 비판에 대한 우려가 제기됐을 뿐 구체적 정부 삭감 동태를 감지하지는 못했다. 저들의 예산삭감이 한창일 때였다.

새만금 예산의 삭감에 대한 공식 발언은 8월 22일 민주당 원내 대책회의에서 나왔다. "정부가 내년 예산안에서 새만금 관련 예산을 대폭 삭감한 것으로 알려졌다"는 것이다.

최근 정치권에 따르면 더불어민주당 원내대표단 등 야권 인사들은 예산편성 시기를 맞아 기획재정부 핵심 관계자들과 최근 면담을 진행했다. 민주당은 특히 최근 대폭 삭감이 우려되는 새만금 예산 상황에 대해 기재부 관계자들에게 물었는데, 돌아오는 대답은 "아직 밝힐 수 없다"였다. … 중략 …

민주당 정책위원회 수석부의장인 김성주 의원은 이 과정에서 국회의 예산 심의권과 전북도 등 자치단체가 철저히 소외됐다고 주장하기도 했다.

〈2023.8.24, 전북일보〉

예결위 간사일 때의 경험에 따르면 나는 8월, 이미 30분 단위 행보를 하고 있었다. 정부안이 확정된 후 예산을 챙기는 것은 이미 늦기 때문이다. 기재부 심사가 진행되고 있는 동안 기재부 담당은 물론, 관련 부처 장·차관을 미리 만나 전북 예산을 점검했다. 양쪽을 모두 만나야 동향을 정확하게 파악할 수 있었다. 내가 잘나서가 아니라 그것이 매뉴얼이었다. 하고 싶지 않아도 온 부처와 전국 지자체에서 예산안을 들고 쉴 새 없이 방문을 두드리는 때인 만큼 올해라고 다를 리 없었다.

민주당은 예결위원장, 간사를 선임한 상태였다. 8월 11일 국민의힘 예결위 간사의 발언 이후 열흘이 지나서야 동향을 감지했다는 것은 아쉬운 대목이다. 선전포고에는 논리적 대응도 필요하지만, 전쟁에 대한 대비가 먼저다. 하긴 민주당 원내대표단 면전에서 새만금 예산에 대해 "아직 밝힐 수 없다"고 말할 정도였으니 사후약방문인지도 모르겠다.

3. 정부 예산 확정 이후는 지뢰밭 싸움

그런데도 뼈아픈 대목은 있다. 이 뉴스가 크게 공론화되지 못한 것이다. 당시는 정부 예산안이 확정되기 전이었다. 또 책임소재를 놓고 국민의 이목이 잼버리에 쏠려 있었다. 이 과정에서 여가부 장관이 국회 화장실로 도망가는 촌극까지 벌어졌다. 예산을 깎아 전북도에 보복하려 했다는 뉴스를 키웠다면, 그리고 원내지도부와 예결위가 단일한 대오로 전략을 짜고 대응했다면 어땠을까.

제1야당의 당대표가 24일간 곡기를 끊었는데도 병원에 실려 가는 순간까지 조롱하던 자들이었다. 국회의원들이 머리를 깎고 도의원들이 릴레이 단식을 하는데도 전혀 관심을 보이지 않고 있다. 새만금 예산삭감은 지역뉴스가 된 지 오래다.

정부안이 확정된 후 국회 단계 대응은 한계가 있다. 예결위원장의 지역구인 전남은 정부의 긴축재정 기조 속에서도 예산 3천878억 원이 증가했다. 새만금공항과 형평성 문제로 자주 언급되는 서산공항은 예결위 간사의 지역구인 충남이다. 물론 민주당이 아닌 국민의힘 당정협의회에서 살아난 예산이지만 간사의 입장이 군색하게 됐다.

새만금에 대한 예산 폭거를 호남으로 확대할 수 없는 이유이며, 서산공항을 지렛대 삼기 어려운 까닭이다. 이미 충남도의 지역언론은 "민주당이 공항 예산을 반대할 가능성이 크다"는 보도를 내고 있다. 국민의힘은 가만히 앉아 선거운동의 효과를 누리고 있다.

'무조건 반사'는 생명에 위협을 느낄 때 대뇌를 거치지 않고 바로 대응하는 것을 말한다. 재채기 같은 것이다. 윤석열 정부의 대응은 즉자적인 화풀이 같은 것이 아니다. 전략이라기엔 야비하고 잔머리라기엔 교묘하다. 호남으로부터 전북을 분리하고 새만금의 예산을 전국에 뿌려, 원상회복 시도를 할 때마다 다른 지자체가 대신 견제하고 반대하도록 구조를 짰다.

새만금 예산이 대폭 잘려 나가면서 수혜를 본 지역에는 우리 민주당의 후보들도 있다. 싸움이 격해질수록 적전분열 가능성이 커진다. 국정조사는 걸음도 떼지 못했는데 감사원 감사는 이미 착수됐다. 국회 단계 2차전의 전망을 어둡게 하는 이유가 마치 지뢰처럼 널려있다.

4. 국회에서는 3차 칼질이 기다리고

\# 2014년 11월 19일. 항상 여야 전운이 감도는 국회 예산조정소위 회의장이었다. 대기하고 있던 새만금개발청의 간부들이 소위장에 들어서자 나는 위원들에게 "소위 심사자료를 펼칠 필요도 없다"고 말했다. 예결위 김춘순 수석전문위원이 "새만금개발청은 감액 사업이 하나도 없다"고 간단히 보고를 마쳤다. 삭감 의견을 냈던 몇몇 의원들이 미리 철회 의사를 밝혀 심사자료에는 삭감을 의미하는 표식(▲)이 없었다.

홍문표 위원장이 "그래도 멀리서 오셨는데 위원님들에게 하실 말씀 있으시면 하시라"는 인사를 건넸다. 새만금청장은 "새만금 사업이 국책사업으로서

새만금 남북도로

본격적으로 착수하는 해가 되기 때문에 최선을 다하겠다"고 인사를 표했고, 이에 여야 위원들이 큰 박수로 격려를 보냈다.

전 부처를 통틀어 단 한 건의 예산삭감이 없었던 유일한 자리였다. 그 어느 부처보다 짧은 심사였고 소중한 휴전이었다.

이 이색적인 국회 감액심사 풍경 역시, 야당 예산 사령관이었던 나의 약점이 새만금인 것을 알기에 만들어진 것이다. 힘 있는 자리에 있었기에 나의 급소를 칠 엄두를 낼 수 없었을 것이고, 나의 약점에 눈감는 대신 그들은 다른 예산을 원했다. 비록 인위적으로 만들어진 훈훈함이지만 2023년 예결위에서는 이러한 풍경을 기대하기 어렵다.

전라북도는 새만금 SOC 사업과 관련해 정부 예산으로 8천 4백억 원을 요청했다. 부처 심의 단계에서 1차 칼질을 당해 6천 626억 원이 됐다가 기재부가 이를 다시 무참히 잘라, 1천 479억 원만이 남겨졌다. 그리고 국민의힘은 국회 단계에서 세 번째 칼질을 벼르고 있다.

5. 비상 상황, 어떤 예산을 잡을 것인가

전북이 쥔 카드는 많지 않다. 먼저 각 상임위에서 넘긴 정부 예산안을 사실상 최종적으로 삭감하는 '계수조정소위'에 들어가야 한다. 여야 15명으로 구성되는 만큼 이는 그렇게 어렵지 않을 것이다.

국회는 헌법상 정부예산 삭감에만 권한이 있다. 이를 최대한 활용해야 한다. 예결위 간사였을 때 나는 대통령실과 여권 실세의 예산을 잡았다. 그것을 지렛대로 필요한 예산을 증액하는 수단으로 삼았다. 그전에는 예산삭감 과정을 완료한 후 증액하는 단계로 넘어갔지만, 삭감 역시 여야 합의 사항이다. 지체될수록 증액 협상을 할 수 있는 날은 짧아진다. 이에 계수소위 밑에 소소위를 두어 쟁점 예산의 삭감을 진행하면서 나는 나대로 증액 협상을 하는, 투트랙 전략을 구사했다. 소소위에는 신호가 떨어질 때까지 절대 합의하지 말라는 당부를 해두었다.

올해 역시 비슷한 패턴으로 갈 것이다. 적어도 새만금에 대해 추가 삭감은 없어야 한다.

다만 전북 새만금이 다른 지역 예산의 발목이 된다는 이미지가 되어서는 이길 수 없다. 어떤 예산을 잡을 것인지는 분명하다. 민주당 내 분열을 막고 전북이 정당성을 확보하려면 새만금의 예산이 흩뿌려진 다른 지역 SOC를 잡는 것은 자충수다. 명분이 분명할 것, 특히 대통령과 직접 관련되어 저들이 꼼짝달싹할 수 없는 예산을 잡을 것, 이 두 가지가 기본 원칙이 돼야 한다.

다음은 증액 단계다. 전북 예산은 예결위원장이 직접 챙겨야 한다. 감액에서 증액 단계로 넘어갈 때 위원장과 간사, 계수소위원들은 챙겨야 할 지역도 함께 안배한다. 새만금 예산 8할이 잘려 나간 것은 당시 전북 예산을 챙길 책임소재가 명확지 않았던 탓도 있다.

계수조정소위는 삭감 작업이 마무리되면 힘을 잃는다. 증액 단계는 양당 예결위 간사가 진행하게 된다. 민주당은 현재 예결위원장이 있는 만큼 위원장에 무게가 더 실린다. 지금은 비상 상황이다. 전북 계수소위원이 전북 예산을 챙기더라도 위원장의 힘이 얹어져야 한다. 예산 리스트를 넘겼다가 ○×를 받는 수위로는 해결할 수 없다. 전남 예산 챙기듯 똑같이 해야 한다. 예결위원장실과 간사실에 전북 직원이 상주할 수 있도록 배려하는 것도 필수다.

마지막 단계는 결국 원내대표단의 몫이다. 끝내 타결되지 않는 쟁점 예산은 예결위가 아닌 여야 대표단의 협상으로 넘어가게 돼 있다. 국민의힘은 긴축재정으로 이미 찢어발겨진 새만금 예산을 복원할 여력이 없다고 할 것이고, 여야는 새만금 외에도 챙길 민생예산이 많다. 결국 새만금 예산을 협상의 우선순위에 들게 하는 것이 관건이 될 것이다. 이때 절대적으로 필요한 것이 전북도민의 응원이다.

그간 표만 주고 제대로 된 대접을 받지 못했던 전북의 설움이 총선 때 어떤 향배를 보일지 알 수 없다. 예산 정국을 부릅뜨고 지켜볼 것만은 명약관화하다.

'전북은 만만한 지역이 아니다. 그리고 민주당은 전북을 지킬 것이다.'

민심은 애달프고 절박하다.
2023년, 민주당의 전북에 대한 진정성과 전북 정치력이 이제 본격 시험대에 올랐다.

없는 길은 만들고 굽은 길은 펴다

철로 위 선상 역사(驛舍)
턴키 최초의 역사(歷史)

선상 역사 조감도

용산, 광명 등 수도권은 물론이고 대전, 동대구, 부산 등 경부고속철 노선의 신축 KTX 역사는 모두 선상 역사로 지어지고 있었다. 그런데 호남의 관문인 익산역은 예외였다. 모욕감과 분노로 얼굴이 달아올랐다.

'평면 역사'로 기본설계안을 제출받아 낙찰자를 선정한 턴키 사업에서 '선상(線上) 역사'로 완전히 설계를 바꾸는 일은 전례가 없었다. 게다가 실시설계가 상당히 진척된 상태였다. 이 글은 투지밖에 없었던 야당 초선의원의 참으로 무리하고 무모했던 투쟁사다.

1. 야당 초선의원이 바꿀 수 있겠습니까?

2008년 9월. 나는 무심하게 한 기사를 읽다 자세를 고쳐 앉아 두 번, 세 번 다시 읽었다.

익산역 시공사로 기본설계와 가격심사에서 최고 점수를 얻은 대림산업이 선정됐다는 제하의 기사였다. 그런데 기본설계안에 따라 익산역사(驛舍)가 지상 '평면 역사'로 건립된다는 것이었다. 그동안의 여러 보도에 따르면 익산역은 틀림없이 철로 위에 역사가 건설되는 '선상(線上) 역사'로 예정돼 있었다.

국회 건설교통위원인 ○○○의원(열린우리당)이 밝힌 바에 따르면 익산역 <u>선상 역사</u> 신축을 위한 역사 면적 10만㎡ 증축과 서측 광장으로 이어지는 진입도로 확장, 화물 유치시설 면적 17만 6천㎡를 확보하는 한편……

〈2006.10.24, 익산신문〉

익산시장 인터뷰=철도시설공단에서 계획하고 있는 <u>선상 역사</u>를 건립해 서측 광장을 통하여 군산이나 김제지역과는 자동차전용도로로 연결되어 짧은 시간에 접근할 수 있습니다.

〈2007.4.5, 전북일보〉

한국철도시설공단은 KTX 정차역인 익산역을 새로운 <u>선상 역사</u>로 건설하기 위해 우선협상대상자 선정을 위한 입찰공고를 냈다고 25일 밝혔다.

〈2008.1.25, 익산 뉴시스〉

지상에 짓는 평면 역사로 기본설계가 확정됐다니. 믿을 수가 없었다.

평면 역사의 경우, 역사 정면이 있는 풍경과 철도 너머 후면의 풍경은 사뭇 다르다. 특히 KTX 익산역은 호남선, 호남고속선, 전라선, 장항선을 연결하는 철도교통의 중심역이기 때문에 선로 폭이 약 300m로, 국내 최대였다. 도시가 거대한 선로로 쪼개지면 미래 성장동력이 될 역세권 개발에서도 큰 효과를 기대하기 어렵고 왕래도 힘겹다. 서부권에서 익산역을 이용하려면 육교나 연결통로로 최소 300m 이상을 걸어야 하고 동부권에서도 연계 교통수단 이용을 위해서는 기나긴 통로를 넘어가야 한다. 따라서 역사를 철로 위로 띄우는 선상 역사는 익산 성장의 필요조건이자 필수조건이었다.

나는 익산시 공무원에게 "왜 지상 역사로 설계된 것을 미리 말하지 않았냐"고 항의했다. 이에 "여당 시절에도 못 바꾸었는데, 야당 초선의원이 바꾸지 못할 것으로 생각해 말하지 않았다"라는 답이 돌아왔다.

용산역, 광명역과 함께 천안아산역, 대전역, 동대구역, 부산역 등 경부고속철도의 역사들은 선상(線上) 또는 선하(線下) 역사로 건설되고 있는

기존의 역사를 증개축한 지상 역사의 투시도

데 반해, 호남고속철도의 정차역인 공주역, 익산역, 정읍역, 광주(송정리)역, 목포역은 기존 지상 역사를 재건축하는 것으로 되어있었다. 명백한 지역 차별이었다. 게다가 익산역은 호남에서 가장 바쁜 역이자 관문이고 거점이고 얼굴이었다.

발주는 철도시설공단(현 국가철도공단)이 하지만 주무 부처는 국토부였다. 그렇다면 장관과 담판을 지어야 했다. 나는 한 달 전인 8월, 상임위도 국토위가 아닌 법사위로 배치됐다. 장관과 일면식은커녕 내 이름 석 자도 모를 것이었다. 그랬다. 나는 배지를 단지 4개월도 채 되지 않은 야당 초선의원이었다. 그렇다면 야당 초선의원다운 투쟁을 해야 했다.

'담판을 지으려면, 일단 얼굴을 보아야겠지.' 나는 실시설계가 마무리되기 전에 기필코 국토부 장관을 의원실로 찾아오게 만들겠노라고 결심했다.

2. 국토부 장관을 겨눈 첫 번째 방아쇠

　　위원장 유선호 이춘석 위원님, 아까 위원장한테 요구하신 것은 오후 질의를 안 하는 대신, 이번에 오후 질의 시간까지 허락해 달라 그런 취지셨습니까?

　　이춘석 위원 예.

　　위원장 유선호 그러면 오후 질의를 이춘석 위원께서는 안 하시는 조건으로 15분 내에서 질의해 주시기를 바랍니다.

　　두 달 뒤인 2008년 11월 11일 법제사법위원회 회의실. 감사원 예산심사가 있는 날이었다. 통상 의원당 7~8분의 발언 시간이 주어지는데 나는 그것을 몰아서 쓸 작정이었다. 감사원장의 답변을 끌어내기 위해서는 충분한 시간이 필요했다.

　　내가 제기할 의혹의 핵심은 2가지였다.

　　하나는 국토부 장관이 한국철도시설공단 이사장으로 재직하던 동안 역대의 업무추진비를 부당 수령한 것을 감사원이 밝혀냈는데 왜 환수, 고발 등 후속 조치 없이 면죄부를 줬는지.

　　또 한 가지는 감사원이 왜 관련 규정을 어겨가며 장관 인사청문회가 한참 지난 뒤에야 감사 결과 보고서를 공개했는지였다.

　　이미 당일 새벽 한겨레신문에 나의 질의 요지가 단독기사화됐던 터였다. 그것을 모를 리 없는 감사원장도, 그 뒤로 배석한 주요 간부들도 긴장한 티가 역력했다. 나는 감사단장을 불러세웠다.

　　감사원 건설·물류감사국 제3과장 건설·물류감사국 제3과장입니다. 전임 과장 후임으로 왔습니다.

　　이춘석 위원 감사 결과 보고서를 보면 2004년부터 2006년 12월까지 한국 철도시설공단이 현금을 인출해 사용했는데 그 용도가 불분명하다는 내용이 있습니다.

지급 사유 등을 전혀 확인할 수 없는 지급증만을 근거로 공단 전 이사장과 임원들이 총 7억 9천만 원을 썼다는 것입니다. 그중 전 공단 이사장은 총 86회에 걸쳐 3억 5천만 원을 현금으로 가져갔다는 내용도 있습니다.

여기에서 얘기하는 전 철도시설공단 이사장이 누굽니까? 현 국토부 장관을 얘기하는 것이 맞지요?

감사원 건설·물류감사국 제3과장 예, 맞습니다.

이춘석 위원 업무추진비는 클린카드 사용이 기본이고 부득이 현금으로 지급할 때는 현금 수령자의 영수증과 지급 일자, 지급 금액, 지급 사유, 지급 상대방을 구체적으로 기재한 집행내용확인서를 증빙으로 갖추게 되어있습니다.

그런데 그 내역이 확인되는 것은 8천 7백만 원에 불과합니다. 나머지 2억 6천만 원이 어디에 사용되었는지 확인하셨습니까?

감사원 건설·물류감사국 제3과장 일부를 확인했습니다. 지급증만 만들어져 있는 상태이기 때문에 어디에 썼는지 좀 추궁을 했습니다. 그러니까 일부만 확인했지 전체 상당한 건수가 되기 때문에…….

이춘석 위원 그냥 '어디에 썼다'라고 말하면 감사원은 그 말 그대로 믿습니까?

감사원 건설·물류감사국 제3과장 그것은 아니고요. 저희들이 체육대회 격려금을 줬다고 해서 실제 확인을 해 본 것도 있습니다. 했더니, 일부 격려금을 받았다는 것으로 확인했습니다.

이춘석 위원 아니, 확인하지 못한 부분이 있다면서요? 그러면 그 부분에 대해서는 환급을 받고 고발 조치가 당연히 이루어졌어야 할 것 아닙니까?

감사원 건설·물류감사국 제3과장 현금으로 사용했을 뿐이지 그 지출 사실 자체는 저희가 인정을 한 겁니다.

이춘석 위원 3억 5천만 원 중에서 2억 6천만 원의 증빙이 전혀 없는데 내가 직원 회식비로 줬다, 그러면 그걸 믿고 인정을 한다는 겁니까?

충분히 발견할 수 있는 중요한 내용에 대해서 비리를 발견하지 못할 때는 감사단장이 직원과 연대해서 책임지게 되어있지요?

감사원 건설 · 물류감사국 제3과장 예, 그렇습니다.

이춘석 위원 자, 들어가십시오.

예상대로였다. 현금으로 사용한 부분에 관한 확인이 거의 없었다. 게다가 환수 조치도 없었다. 당시 함께 업무추진비를 사용했던 철도시설공단 임원들에게서는 악착같이 환수받는데 말이다.

나는 장관의 후임으로 취임한 철도시설공단 이사장이 4천 400만 원을 입금한 '무통장 입금증'도 확보한 상태였다. 장관이 3년간 사용한 업무추진비를 현 이사장은 같은 방식으로 단 5개월 사용했을 뿐이었는데, 현직에게는 환수받고 퇴직한 현 장관에 대해서는 어떠한 조치도 취하지 않았다. 감사원 역사상 퇴직 후에도 환수 조치한 사례가 차고 넘치는데, 정말 수상한 면죄부였다.

나는 사실을 확인한 후 두 번째 의혹으로 발을 내디뎠다.

3. 국토부 장관을 겨눈 두 번째 방아쇠

이춘석 위원 감사원장에게 묻겠습니다. 감사 결과가 확정되면 언제까지 공개하게 되어있습니까?

감사원장 원칙적으로 30일 이내에 공개하도록 하고 또 30일 연장할 수 있습니다.

이춘석 위원 자, 처분요구서가 최종 확정된 것이 작년 11월 29일입니다. 그러면 적어도 1월 말에는 공개가 돼야 했습니다. 그런데 그러지 않았습니다. 이유가 무엇입니까?

감사원장 그것은 잘 모르겠습니다. 아마 12월에 인사가 있어서 그것을 인계받아서 처리하는 과정에서 다른 사건과는 달리 좀 늦게 4월에야 공개된 것으로 알고 있습니다.

이춘석 위원 유독 이 사안만은 규정을 어기고, 152일 만에 공개했습니다. 인사청문회가 끝나고도 두 달이 지난 다음입니다. 사이트에 자료를 올리는 데 그렇게 시간이 오래 걸립니까?

감사원장 한꺼번에 많이 올리면 언론에서도 그것을 소화해서 국민에게 알리는 데 지장이 있기에 차근차근 올려 달라는 요구가 있습니다.

이춘석 위원 그러면 철도시설공단의 나머지 관계자들에 대해서는 환수 조치나 징계 조치를 했는데 장관에 대해서는 왜 입을 딱 다물었다고 생각하십니까, 동일한 사안인데?

감사원장 잘 모르겠는데요…….

이춘석 위원 자, 그러면 이것 한번 물어봅시다. 전 특허청장을 7월에 감사원이 서울중앙지검에 고발한 적 있지요? 이 사람은 9천만 원 가지고 용도가 확인되지 않는다고 해서 고발 조치했는데 지금 드러난 사실만 가지고도 장관은 훨씬 더 많습니다. 그런데 왜 환수 조치도 하지 않고 검찰에 수사 의뢰하지 않는 겁니까?

감사원장 사안이 다른 것으로 알고 있습니다. 장관의 경우에는 기본적으로 개인적인 용도로 사용했다는 구체적인 증거가 없는 사안이고요…….

이춘석 위원 아까 담당과장도 현금 3억 5천만 원 중에서 용도가 확인된 금액은 일부라고 했어요. 그러면 다시 조사해서 사용처가 정확히 확인되지 않는 금액이 있으면 환수받고 고발 조치하겠습니까?

감사원장 한번 챙겨 보겠습니다. 당시 감사반장이 퇴직하고 아까 말씀드린 바와 같이 후임 과장이 업무를 나름대로 파악해서 오늘 답변을 했는데 당시에 감사가 이루어진 내용이 뭔가를, 더욱 면밀하게 챙겨 보겠습니다.

대법관에 이어 후일 국무총리까지 지냈던 당시 감사원장의 최초 승복 사례였다.

문제의 감사 결과는 152일 만인 4월 28일 홈페이지에 공개됐다. 그 사이 2월 인사청문회가 있었다. 장관을 보호하려고 일부러 감사 결과 공개를 늦춘 것 아니냐는 의심은 합리적이었다. 그날 언론들은 이러한 문제를 앞다투어 보도했고 공중파에서도 이 문제를 크게 다뤘다.

4. 언론과 정계를 달군 뉴스

'뚜뚜뚜, 띠'. 초침이 밤 9시 정각에 멈추자 MBC 앵커는 다소 흥분한 목소리로 이 소식을 알렸다.

"○○○ 국토해양부 장관이 철도시설공단 이사장 시절 공금을 유용했다는 의혹이 불거졌습니다. 이 사실을 알고도 감사 결과를 공개하지 않은 감사원도 도마에 올랐습니다. 이언주 기자의 보도입니다."

무려 2꼭지를 할애한 헤드라인 뉴스였다. 언론에서 봇물이 터지자 야당에서도 앞다투어 논평을 내기 시작했다.

민주당의 김현 부대변인은 오전 브리핑에서 "감사원이 인사청문회를 앞둔 장관을 감싼 것이 아닌지 의문이 든다"며 "감사원과 장관은 거짓 없이 진실을 밝히라"고 비판했다. 자유선진당 박선영 대변인도 "감사원은 이런 사실을 적발해 적시하고도, 부당 수령한 금액의 환급은 물론 징계 요구 등 필요한 조처를 전혀 취하지 않았다"며 감사원장의 대국민 사과와 장관 인책을 촉구했다.

민주당은 부대변인 논평이 있었음에도 이례적으로 당일 오후 또다시 대변인 논평을 발표했다. 의혹을 제기하는 언론보도가 이어지자 당 대응의 수위를 한층 높인 것이다. 김유정 대변인은 "검찰은 즉각 나서야 한다. 고위공직자로서 청렴의 의무를 다하지 못한 장관은 즉각 사퇴하는 것이 마땅하다"라고 수사 촉구와 함께 거취 문제까지 거론하고 나섰다.

법사위에서 시작된 불은 본류인 국토위로 옮겨붙어 소속 의원들이 장관에게 직접 의혹을 제기하기 시작했다. 가뜩이나 광우병 쇠고기 수입 문제와 대운하로 여론이 좋지 않은 마당이었다. 나는 계속 새로운 추가 의혹을 제기하며 공세를 확장했다.

내가 정책문제를 제기했다면 웬만한 의혹 제기에는 끄떡도 하지 않을 것이지만 개인의 도덕성 문제는 차원이 다를 것이라는 전략은 맞았다. 장관은 야당 초선의원인 이춘석과의 예기치 않은 1대 1 싸움에서 그로기상태가 되어갔다.

의원실은 국토부 출장소가 되었다. 국토부의 실장, 국장, 과장까지 전북과 연고가 있는 사람들은 모두 의원실로 찾아왔다. 남성고, 전주고는 물론 익산과 조금이라도 인연이 있다면 모두 차출된 느낌이었다. 연락이 뜸했던 지인들까지 "국토부의 누구누구가 찾아가면 좀 만나주라"고 연락해 올 정도였다.

국토부 장관실에서 면담 일정을 잡자는 연락이 여러 번 왔지만, 번번이 거절했다. 국민의 알권리와 지역구의 민원을 맞바꾸고 싶지는 않았다. 알릴 것은 알리고 찾을 것은 찾아야 한다고 생각했다. 전북, 익산에 대한 차별이 은밀하게 진행됐던 만큼 나는 더욱 떠들썩하게 묻고 따져 제 몫을 챙기겠다고 결심했다.

5. 초선 의원실을 두 번이나 찾은 국토부 장관

그런데 장관이 약속 없이 의원실을 찾았다. 전북과 연고가 있는 간부들을 대거 대동하고서였다. 나는 마침 본청에서 회의가 있어 의원실을 비운 차였다. 장관은 나를 만나지 못하고 발길을 돌려야 했다. 며칠 후 보좌관에게 전화가 왔다. 또다시 국토부 장관이 예정 없이 찾아왔다는 것이었다. 나는 장관을 만나지 않으려고 의원회관 반대편에 있는 국회 운동장 쪽으로 향했다.

그리고 국회 운동장을 3바퀴쯤 돌았다. 국토부 장관을 상대로 싸우면서 호남을, 전북을, 익산을 평면 역사로 차별한 이유를 따져 물을 만큼의 논리와 배짱이 생겼다. '초선 의원실을 두 번이나 찾았다고?' 이제는 장관도 야당 초선의원이라고 무시하지 못할 것이라는 확신도 함께였다.

나는 국토부 장관과 정식으로 약속을 잡았다. 물론 장소는 의원실이었다.

장관은 성큼성큼 걸어들어와 내 손을 잡고 이렇게 말했다.

"어떤 분이신지 꼭 만나보고 싶었습니다."

소관 상임위 위원도 아닌 의원이 이렇게까지 자신을 괴롭힌 이유가 무엇인지 확인하고 싶었을 것이다. 그리고 언제까지 지속할 것인지도.

이에 "저도 장관님을 뵙고 꼭 의논드릴 일이 있었습니다"라고 응수했다.

장관은 기가 막힌 듯 웃었다. 이렇게 판을 크게 만들어놓고 '의논'이라니……

"이왕 온 김에 들어봅시다."

나는 "익산역을 설계 변경해서 선상 역사로 만들어달라"고 요청했다.

"익산역이라면……, 상당 부분 진척된 사업 아닌가요?"

배석했던 국토부 간부가 "턴키로 사업자가 이미 선정됐다"고 보충 설명했다. 장관은 조금 더 크게 웃었다. 아까보다 더 기막히다는 반응이었다.

"저도 압니다. 쉬운 일이었다면 이렇게 장관님을 뵙자고 하지 않았을 겁니다."

이어서 나는 수도권은 물론이고 경부고속철도는 모두 선상으로 역사를 짓는데 유독 호남만 일반 평면 역사로 지어지는 것은 전 국민이 용납할 수 없을 것이며, 또한 KTX 역세권을 광역경제권 개발의 기폭제로 만들자는 정부의 계획에도 정면으로 배치된다고 빠르게 설명했다.

"전례가 없는 일이라고 지금 시기를 놓치면 익산역세권은 핵심 거점 역할을 하지 못하게 되고, 그러면 몇 년 후에 다시 역사를 부수고 신축해야 합니다. 미래를 위해 어떤 선택이 국민을 위한 것인지 생각해 주십시오. 이대로 착공식이 강행된다면 저는 익산시민들과 철로 위에 눕겠습니다."

장관이 이번에는 웃지 않았다.
"듣고 보니 틀린 말이 아니네요."
그러고는 일어서서 악수를 청하며 말했다.
"방법을 찾아봅시다."

국토교통부 기조실장 등과 함께 여러 차례 협의를 거쳐 설계 변경 방법을 찾아나갔다.

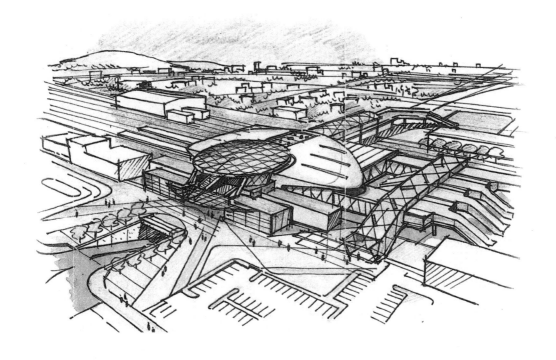

6. 세 가지 난관을 뚫고 설계변경을 현실로

선상 역사와 역광장 스케치

턴키는 설계와 시공을 일괄 입찰에 부친다. 설계변경을 자주 하면 공사 기간이 길어지고 공사비가 늘어나기 때문에 아예 설계 도면을 보고 업체를 선정하는 것이다. 따라서 턴키로 발주했다는 말은 곧 설계변경은 안 된다는 뜻이었다. 그런데 착공식을 앞두고 설계를 변경한다니, 기적과 같은 일이었다.

물론 쉬운 일은 아니었다. 산전수전 다 겪은 국토부 실·국장들도 난색이었다. 전례가 없어 더욱 그랬다. 그러나 산꼭대기에 있는 배를 끌어 옮겨다 띄우는 데까지 성공한 마당이었다. 이제 돛을 올리고 바람을 타야 했다.

풀어야 할 과제는 세 가지였다.

첫째, 이미 진행된 실시설계를 백지화하고 재설계했을 때 고속철도 개통에 맞춰 완공할 수 있는가. 둘째, 추가로 소요될 예산을 어떻게 확보할 것인가. 셋째, 국토부도 좌지우지하지 못하는 난공불락의 기재부로부터 예산을 어떻게 승인받을 것인가.

가장 먼저 국토부가 대림산업에 일반 평면 역사 실시설계를 중단할 것을 지시했다. 선상 역사로 변경했을 때 추가 예산이 얼마나 필요한지도 알려달라고 했다. 추계 결과, 약 300억 원 정도가 더 필요했다. 또한 재설계를 하게 되면 1년이 더 소요되지만, 공사를 서두르면 2014년 고속철도 개통에 맞출 수 있다는 답도 얻었다. 첫 번째 문제가 해결됐다.

정부예산도 다행히 여유가 있었다. 익산역이 포함된 제3-2공구의 경우 애초 예산 2천 233억 원의 82%로 낙찰되었기 때문이었다. 약 400억까지는 국회 심의 없이 예산을 투입할 수 있었다. 두 번째 허들도 넘었다.

마지막 관문이 남았다. 기재부의 승인을 얻기 위한 사업 변경 명분은 국토부와 함께 마련하기로 했지만, 기재부가 이를 호락호락 승인할 리가 없었다. 다행히 나에게는 비장의 우군이 있었다. 바로 익산 출신의 국경

2009년 9월 25일 〈신성장동력, KTX 역사와 역세권〉 종합토론회에서 선상 역사로 설계변경을 확정지었다.

복 국회 수석전문위원이었다. 예산결산특별위원회 수석전문위원을 역임하고 때맞춰 기획재정위원회 수석전문위원으로 옮긴 상태였다. 기획재정위원회는 기재부를 소관으로 하는 상임위였다. 더할 나위가 없었다.

마침내 나는 2009년 9월 25일 〈신성장동력, KTX 역사와 역세권〉 종합토론회를 개최해 쐐기를 박았다. 토론회에는 국토해양부, 한국철도시설공단, 대한주택공사, 익산시 등 관련기관 공무원이 총출동해 있었다.

한국철도시설공단 김병호 단장은 "애초 익산역은 일반 역사로 계획되었지만, 이춘석 국회의원의 요청으로 선상 역사 건립이 검토되고 있다"고 설명한 뒤 "9월 중에 이와 관련해 국토해양부의 승인이 있을 것"이라고 밝혔다. 사실상의 확정 사실이 처음으로 공식화된 것이다. 참석자 모두는 박수로 화답하며 축하했다. 추석을 1주일 앞둔 시점이었다. 익산시민에게 이 사실은 그 어떤 것보다 큰 선물이 되어 주었다.

7. 비 내리는 호남선? 이제는 번듯한 전북

겉으로는 정지선에 서 있는 듯 보였지만 모든 일이 차근차근 진행되어 온 결과였다. 엔진은 풀가동 중이었다. 호남에서 가장 바쁜 역인 익산역을 2014년까지 개통시켜야 했다. 청색 신호가 떨어지자 선상 역사 사업은 전력 질주를 하기 시작했다.

비단 익산만의 경사는 아니었다. 정읍시는 3만 시민 서명운동을 했는데도 활로를 찾지 못해 지상 역사 건립으로 기본설계가 완료된 상태였다. 익산 소식이 알려지자 "정읍도 같은 방식으로 건립되는 것이 마땅하다", "정읍이 줄기차게 주장한 사안이 익산에서 먼저 해결돼 아쉽지만 이를 계기로 정읍시와 정치권이 노력해야 한다"는 목소리가 봇물이 되었다.

익산역이 이미 착공식을 마친 상태에서도 설계를 변경시킨 만큼 정읍도 선상 건립 명분이 더욱 커진 것이었다. 처음부터 의도한 것은 아니었으나 2달 뒤 정읍 역시 선상 역사로 설계변경이 결정된 것은 익산이 물꼬를 튼 덕분이었다. 나는 이 일을 통해 전북이 빼앗기지 않고 제 몫을 챙기기 위해서는 연대 투쟁만이 아니라 선도 투쟁도 중요하다는 교훈을 깨닫게 되었다. 물론 영남은 거저 얻어지기도 하는 일이 왜 유독 호남에게는 어려운 일이 될까, 자괴감도 함께였다.

KTX 익산역사는 익산의 상징인 보석을 형상화한 선상 유리궁전으로, KTX 정읍역사는 전통 한옥의 처마 형태에 정읍(井邑) 지명의 의미를 담아 우물을 형상화한 지붕으로 완성됐다. 이로써 전라북도도 신축 KTX 역사는 모두 선상 역사로 번듯한 얼굴을 가지게 됐다. 눈물로 얼룩진 호남선은 인제 그만.

선상 역사 투시도(위)와 실제 완공된 사진(아래). 2층이 없는 4층 건물이다.

8. 설계 변경 비법을 물으신다면……

이 일은 국회의원들 사이에서도 큰 화제가 되었다. 박지원 당시 원내대표 등 선배 의원들은 턴키 사업에서 설계를 변경시킨 비법이 무엇이냐고 묻곤 했다. 목포역 역시 지상 평면 역사였다. 그럴 때면 나는 한결같이 웃으며 답했다.

"선배님은 절대 못 하실 겁니다."
"왜 그런가?"
"이건 정신이 제대로인 사람은 절대 시작할 수 없는 일이거든요."

사실 2008년 9월 평면 역사로 기본설계가 결정된 이후 2009년 9월 선

상 역사로 공식 발표가 날 때까지, 꼬박 1년 제정신이 아니었다. 그랬다. 턴키 사업 역사상 최초라는 기록은 맨정신으로는 불가능한 역사(歷史)였고, 그러지 않았다면 만들어질 수 없는 역사(驛舍)였다.

익산역은 호남선, 호남고속선, 전라선, 장항선이 만나는 곳으로 호남의 가장 바쁜 역사이며 2014년 11월 호남고속철도 사업의 일환으로 신재생에너지 설비를 갖춘 초현대식 선상 역사로 다시 태어났는데, 그 모습이 이채롭다.

새롭게 들어선 본관 선상 역사는 2층이 없는 4층 건물로 익산의 상징인 보석을 형상화한 선상 유리궁전으로 지어졌다. 또한 익산 서부권을 연결하기 위한 선상 통로가 만들어지며 지역 주민들의 접근성이 크게 향상되었을 뿐만 아니라 역사 이용이 더욱 편리해졌다.

〈국가철도공단, 철도역 이야기〉 중

선로 위에 세워진 선상 역사
항공사진

없는 길은 만들고 굽은 길은 펴다

보이지 않는 박물관
보이지 않았던 투쟁

국립익산박물관은 미륵사지를 압도하지 않기 위해 땅으로 모습을 감추었다. ⓒ국립익산박물관

나는 예결위 간사라는 막강한 힘을 갖고도 3개의 산을 넘어야 했다.
문화 권력의 본산인 문화체육관광부,
예산으로 정부와 국회를 쥐락펴락하는 기획재정부,
공무원 직제권한을 쥐고 있는 행정안전부……
지난 12년은 산을 넘으면 바위가 막고
물을 건너면 암초가 발목을 잡는 시간이었다.
그렇게 만들어진 국립익산박물관은 자랑스러움과 아픔을 동시에 지닌
백제를 닮았다. 도립박물관을 국립으로 승격시킨 첫 사례였다.

1. 홀연히 나타난 1400년 전 백제 | 2009년

미륵사 사리장엄구는 예고 없이 우리 앞에 나타났다.

익산 미륵사지 석탑만의 특징이라 할 수 있는 1층 십(十)자형 공간의 중앙 심주석(心柱石)을 해체하는 과정에서 1400년의 세월을 훌쩍 넘어 생생하게 살아있는 백제가 발견된 것이다. 심주석 밑이 아닌 1층에 있었기 때문에 도굴과 일제의 약탈로부터 안전할 수 있었다.

2009년 1월 미륵사지에서 발굴된 사리장엄구는 익산을 넘어, 온 나라의 화젯거리였다. 문화재청은 "무령왕궁 발굴과 능산리 금동대향로 조사 이래 백제지역 최대의 고고학적 성과"라고 평가했고, 전국의 학자와 언론이 익산으로 몰려왔다.

그러나 감동과 기대도 잠시, 국립중앙박물관이 사리장엄구를 보관해야

미륵사지 석탑에서 발견된 사리장엄구 발굴 현장

마땅하다는 주장이 나왔다. 중앙박물관 측은 국가를 대표하는 박물관에 전시해야 더 많은 이들이 볼 수 있다는 이유와 함께, 익산에는 변변한 박물관이 없어 제대로 된 보관이 어렵다는 역량의 문제를 제기했다. 제국주의 국가들이 이집트, 그리스의 유물 반환을 거절하는 이유와 한 치의 틀림도 없었다.

나는 즉시 문화재청장을 만나 "지역 출토 문화재의 해당 지역 내 보존" 원칙을 강조하고 익산 내 보관·전시를 바라는 익산시민의 뜻을 전했다. 만남이 이어지자 청장은 미륵사지 유물의 익산 존치로 의견을 바꿨다.

문화재청장은 "사실 처음에는 국립박물관에서 전시하는 것이 좋겠다고 생각했지만, 익산시민의 여론을 감안할 때 익산에서 보존하는 방안이 바람직하다고 본다"라는 입장을 밝혔다.

국립문화재연구소도 "유물은 발굴 지역에 있는 것이 당연하며 목포 신안유물이 나와서 광주박물관이 만들어졌고, 경주 금관총이 나왔을 때도 보관시설이 없다는 이유로 서울로 가져가려 하자 시민이 모금한 전례도 있는 만큼 시민의 의지가 가장 중요하다"며 익산에 힘을 실었다.

급기야 국립중앙박물관도 "중앙박물관이 국가를 대표한다는 장점은 있지만 지역의 욕구는 당연한 것"이라고 인정했다.

나는 이것으로 미륵사지 사리장엄구 등 유물은 익산 존치로 결정됐다고 믿었다. 이제 국립박물관을 만드는 데만 힘을 쏟자고 다짐했다. 순진했다.

석탑에서 나온 보물들

2. 지방 유물전시관이 초라한 이유는 | 2010년

* 국가 귀속 문화재의 보관·
관리 주체는 1979년 일원화
(국립중앙박물관)에서 2000
년 이원화(문화재청, 국립중앙
박물관)로 바뀌었다가 마침내
2005년 문화재청 소속기관,
국립중앙박물관, 시도지사 등
으로 다원화되었다.
문화재청의 시행령은 이러한
흐름에 역행해 다시 1979년
박정희 독재 시절로 가자는
주장과 다르지 않았다.

* 2010년 12월 말 기준

2010년 6월 21일, 문화재청은 "국립중앙박물관이 국가 귀속 문화재를 일괄하여 보관·관리토록 하겠다"는 시행령 제정안*을 입법 예고했다.

이미 국가 귀속 문화재를 보관하고 있는 관청은 제외됐다. 타깃은 명백하게 보관·관리청이 정해지지 않은 익산 미륵사지 유물이었다. 얼얼한 통증이 느껴졌다. 뒤통수를 아주 세게 맞은 것이다.

눈에는 눈, 시행령에는 법이었다.

나는 부리나케 법안을 준비하여 7월 16일 매장문화재 보호 및 조사에 관한 법률 개정안을 발의했다. 나는 "문화재청장은 국가에 귀속되는 문화재가 그 발견된 지역에서 우선하여 보관·관리될 수 있도록 필요한 시책을 강구하여야 한다"는 강제 조문으로 맞받았다.

국립중앙박물관은 국가에 귀속된 문화재 약 115만 점 중 93.6%인 107만여 점의 유물을 보관·관리*하고 있었다. 시도(공립박물관)에서 보관·관리하는 국가 귀속 문화재는 전체의 약 1.6% 수준에 불과했다. 유물이 발견된 지자체 박물관이나 전시관에서 왜 모조품이나 사진 전시에 그칠 수밖에 없었는지, 그 초라한 현실을 만든 이유가 바로 여기에 있었다.

지역민들의 자긍심 문제만은 아니었다. 관람객들 역시 미륵사지를 둘러보고 그 옆에 있는 박물관에서 발굴 유물을 보며 온전한 감동을 느끼는 것이 마땅한 일이었다. 그것이 위대한 유산에 대한 격에 맞는 예우일 것이었다.

그러기 위해서는 익산에서 보존 전문인력과 시설을 갖춰야 했다. 나는 국립박물관 신설 작업에 더욱 공을 들였다.

국내 익산·경주·공주·부여 등 4대 고도(古都) 중 유일하게 국립박물관이 없는 익산으로서는 소중한 유물이 발굴될 때마다 관계 기관과 갈등할 수밖에 없었다. 이는 형평에 맞지 않는 일인데도 반대하는 이들은

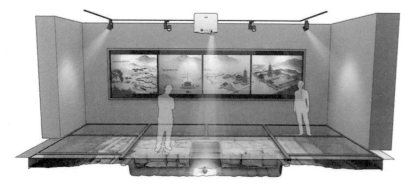

"신라문화권은 경주 하나뿐인데 백제는 박물관이 이미 2개나 있다"는 것에 초점을 맞췄다. 이 같은 논리 뒤에는 때론 지역감정의 그림자도 어른거렸다.

그럴 때면 나는 "영남권은 박물관이 경주, 대구, 진주, 김해 등 4개나 있는데 호남권은 광주, 전주, 나주 3개뿐"이라고 반박했다.

백제가 아니라 영남에 터를 잡았던 신라문화권에 박물관 하나를 더 하자고 했더라도 이렇게 저항이 심했을까. 4대 고도로 지정된 이후 재산권 행사의 여러 제한을 기꺼이 감내해 온 익산시민의 피해는 또 무엇으로 보상할 것인가.

박물관 상세 연출 이미지
ⓒ문화체육관광부

3. MB의 민영화 정책에 돌변한 문체부 | 2009~11년

2009년 4월, 국립박물관 승격을 위해 지역 토론회를 개최했다. 이구동성으로 박물관 설치를 요구하는 전문가와 시민의 목소리에, 문화체육관광부의 김영산 과장은 "미륵사지 유물전시관의 국립박물관 전환을 중앙정부 차원에서 적극적으로 검토하겠다"는 견해를 밝혀 박수를 받았다. 당시 문체부 장관도 국립박물관 설치에 긍정적이었다.

하지만 곧 거대한 암초를 만났다. 이명박 청와대가 강력하게 반대하고 나섰다. 기존 박물관들마저 민영화할 계획이었던 만큼 추가 건립은 어불성설이라는 것이었다. 호의적이던 문체부도 돌변했다.

법사위 법안심사와 예결위 회의장에서 이 문제를 여러 차례 지적했으나 방침이 변하지 않자 나는 법안을 발의하는 방식을 선택했다. 〈고도 보존에 관한 특별법〉 개정안을 통해 고도에 국립박물관 설치를 의무화하도록 한 것이다.

2011년 8월, 국회 법사위에서 문체부 장관에게서 국립박물관을 추진하겠다는 명시적 답변을 확보했다.

나는 "박물관 민영화라는 청와대 지침이 사라진 상황에서 익산 미륵사지박물관을 국립박물관으로 승격시키지 않을 아무런 이유가 없다"며 국립박물관 설치를 강력히 요구했다.

이에 장관은 "익산 미륵사지 출토 유물의 문화재적 중요성이 높은 만큼 중앙정부가 체계적으로 지원해야 한다는 데에 공감한다"며 "구체적 추진 방안으로 연구용역비를 내년 예산에 반영하겠다"고 의지를 밝혔다.

기쁨도 잠시. 바로 다음 달인 9월 장관이 바뀌었다. 허탈했다. '또다시 원점에서 시작해야 하는 것일까'라는 걱정은 사치였다. 새 장관은 2009년 미륵사지 출토유물을 국립중앙박물관에 유치해야 한다고 주장하던 바로 그 박물관장이었다. 박물관 문제는 원점은커녕 뒷걸음질을 시작했다.

4. 제비가 박씨를 물어 다 주다 | 2012~13년

2012년 정권교체에 실패한 후 나는 땅을 보며 걷는 날이 많아졌다. 밥 숟가락 들 기운도 없었다. 길 잃은 아이가 된 것 같았다.

그러던 어느 날이었다. 전화가 왔다. 바로 2009년 박물관 건립을 위해 첫 토론회를 가졌을 때 참석했던 문체부의 김영산 과장이었다. 박근혜 정부 인수위에 파견 나와 있던 참에 익산국립박물관 건립을 국정과제로 채택했다는 내용이었다. 토론회 이후 보직이 이동되어 미완의 과제가 계속 마음에 남았는데 이것으로 빚을 대신한다는 말도 전했다.

마치 제비가 박씨를 물어다 준 것 같았다. 익산시민의 염원과 시의회, 도의회, 익산시, 전라북도 모두의 노력에 대한, 예기치 않은 보상이었다. 엎어져 있을 때가 아니었다. 나는 이번에야말로 끝장을 보자는 생각이 들었다. 오랜만에 주먹에 힘이 들어갔다.

　나는 2013년 예결특위 계수소위에 참여하겠다는 뜻을 밝혔다. 예결특위 위원 50명 중에서 실제 권한을 가지고 예산에 영향을 미칠 수 있는 것은 여야 15명 남짓의 소수 계수조정소위 위원이었기 때문이었다.

　그런데 전북 전주의 김윤덕 의원이 정치적으로 경험도 쌓고 전북 예산 확보를 위해 일하고 싶다는 의견을 전해왔다. 나는 당시 전북도당위원장을 맡고 있던 차였다. 나는 기꺼운 마음으로 양보했다. 국정과제로 포함된 만큼 용역비만큼은 어렵지 않을 것이었다.

　나는 김윤덕 의원과의 협업을 통해 익산 미륵사지유물전시관의 신축 설계용역 예산을 반영했다. 그리고 동시에 국립박물관 승격 및 확장 이전에 대한 기본계획 연구용역비를 확보했다. 드디어 국립박물관 건립에 시동이 걸렸다.

5. 불국사와 미륵사지 석탑의 엇갈린 운명 | 2014년

　용역 결과가 나오기로 예정된 2014년, 박영선 의원이 원내대표로 선출됐다. 나는 선대본부장을 맡아 당선을 위해 뛰었기 때문에 원내수석부대표가 될 것이라고 점쳐지고 있었다. 원내 수석은 각 정당과 협상을 하고 원내 전략을 주도하는 직위였던 만큼 항상 언론의 스포트라이트를 받는 자리였다. 재선 이춘석이 중앙 정치 무대에 제대로 자리매김할 기회이기도 했다.

　그러나 나는 지역 현안이 더 급했다.

　불국사 삼층 석탑(석가탑) 유물은 불국사로 돌아오는데, 미륵사지 석탑 유물

미륵사지 야경 ⓒ국립익산박
물관

은 타향살이 떠난다?

한국 대표 두 석탑은 품고 있는 유물도 국보급이다. 전면 해체 수리가 시작
되고, 얼마 후 두 탑은 의미심장한 유물들을 쏟아냈다. 그런데 처지는 약간 다
른 듯하다. 석가탑 유물은 '있어야 할 곳'으로 가고, 미륵사지 석탑 유물은 타
향살이를 해야 할지도 모르기 때문이다. … 중략 …

전시회가 끝나면 우선 유물은 대전에 위치한 국립문화재연구소로 이동, 국
가지정문화재(국보, 보물) 등록 절차를 밟는다. 그리고 문화재청의 보관기관
지정을 기다린다.

지난 18일 현장에서 만난 한 연구원은 "미륵사지 유물전시관이 국립박물관
지위를 갖고 있지 않아, 익산에서 발굴된 문화재임에도 불구하고 서울의 중앙

박물관이나 국립전주박물관으로 갈 수도 있다"고 아쉬움을 토로했다.

〈2014.3.27, 문화일보〉

두 탑 모두 한국을 대표하지만, 박물관이 없는 미륵사지 석탑 유물의 운명은 다를 수도 있다는 기사였다. "있어야 할 곳"이라는 표현이 명치를 쳤다. 정말 골든타임이라는 것이 있다면 바로 지금이었다. 나는 박영선 원내대표에게 고민을 털어놨다.

박영선 대표는 아쉬워하면서도 선뜻 그 자리를 허락했다. 예결위 간사 자리는 모든 의원이 선망하는 자리였다. 예산심사에서 어느 사업에 얼마를 배분할 것인지 결정 권한을 행사하는 자리인 만큼, 국회 내에서는 전생에 나라를 구한 사람만이 할 수 있다는 얘기가 있을 정도였다.

물론 원내 수석에 미련이 없는 것은 아니었다. 사실 욕심도 났다. 그러나 미륵사지 출토유물의 보관·관리 기관 지정은 내년 1월, 코앞에 닥쳐 있었다. 그 전에 박물관 승격이 결정되지 않으면 유물마저 중앙에 빼앗길 상황이었다.

6. 국립박물관을 반대하는 문화권력

"이번 연구용역을 맡아주신 분들 앞에서 이렇게 말씀드리면 매우 죄송스럽지만, 단적으로 이번 용역은 공정성과 객관성을 잃고 훼손될 우려가 있다고 감히 말씀드립니다."

9월 26일, 미륵사지유물전시관 국립 승격 타당성 연구 관련 세미나. 이 자리에는 용역을 수행하는 동국대 교수팀과 문화체육관광부의 문화기반

국장도 함께했다.

나는 분노와 걱정으로 심장이 빠르게 뛰고 있음을 생생하게 느꼈다.

세미나 이틀 전 익산박물관과 관련해서 실무회의가 있었다. 문체부의 담당과장이 소집한 회의로, 전라북도와 익산시, 국립중앙박물관, 문화재청 등 관련자들이 모두 모인 자리였다. 그런데 그 자리에서 문화체육관광부 주무과장의 매우 적절치 못한 발언들이 있었다. 특히, 그 자리에 현재 타당성 용역을 맡고 있는 동국대 담당자를 불렀고, 용역 결과에 영향을 미칠 수 있는 발언을 했던 것으로 확인됐다.

다음 날 나는 급히 문체부 차관과 담당 과장을 호출했다. 과장은 사실이 아니라고 부인했지만 모든 관계자가 모인 자리였다. 귀가 하나둘이 아니었다. 문체부 차관은 용역이 절대적으로 공정하게 진행될 수 있도록 노력하겠다고 약속했지만 나는 믿지 않았다. 문체부가 익산국립박물관을 막는 방법은 많았다. 그것도 너무 많았다. 그래서 다음 날로 예정된 공개 세미나 자리에서 못을 박은 것이다.

나는 국회에서 구력을 쌓은 재선의원이었다. 어떤 경우 용역은, 할 일을 하고, 될 일을 되게 하는 요식인 것을 모를 리 없었다. 어차피 이것은 정치적 파워게임이었다. 나는 예결위 간사의 정치력이 가장 센 지금, 가장 유리한 방식으로 익산에 승리를 안기고 싶었다.

물론 나는 동국대 용역팀이 지금까지 진행한 용역은 훼손되지 않은 학자적 양심으로 진행돼 온 것이라는 점을 믿었다. "오늘 이 자리가 익산의 국립박물관 신설에 큰 도약대가 되기를 진심으로 기원한다"는 말로 분노의 연설을 마무리 지었다. 참석자들에게서 박수가 터져 나왔다.

7. 문체부 과장을 갈아치운 박물관 용역

문체부 차관 면담과 연설이 있은 직후 용역을 담당하던 과장이 갑자기 자리에서 물러났다. "용역이 절대적으로 공정하게 진행될 수 있도록 노력하겠다"던 차관의 약속이 예기치 않은 방식으로 집행된 것이었다. 개인적으로 미안한 마음이 들었다. 나는 보직에서 물러나는 대신 유학을 보내기로 했다는 얘기를 믿을 수밖에 없었다.

마침내 11월 18일 국립익산박물관 타당성 용역 결과가 도출됐다.

동국대학교 산학협력단 용역팀은 "익산과 미륵사지 유물의 중요성과 국민적 관심 등을 감안해 현 시설을 증개축하여 국립화하는 방안을 적극 검토할 필요가 있다"고 밝혔다. "사리장엄구와 미륵사지 석탑, 미륵사지

미륵사지 석탑 발굴 현장을 찾아 자료를 살펴보고 있다.

자체가 유기적으로 연계된 국립박물관으로 확대 개편하는 것이 바람직한 방향"이라고 판단했다. '긍정'이었다.

전북도와 익산시, 미륵사지 전시관 실무자들의 헌신적인 노력과 물샐 틈없는 팀플레이가 아니었다면 장담하기 어려웠던 결과였다. 공립에서 국립으로 승격시키자는 방안이 못내 찜찜했지만, 전북 내에서도 여러 입장과 현실이 얽혀 받아들일 수밖에 없었다. 기재부와의 싸움은 어차피 힘으로 돌파해야 할 문제였다.

현 미륵사지 박물관 증개축 후 국립 신설로 '결론'
예결위 양당 간사만 참여하는 증액회의에서 '결판'

한 언론은 이와 같은 제목으로 현 상황을 압축했다.

예산 증액은 예산심사소위(계수소위)라는 공식 회의에서 심의되지 않고, 예결위 양당 간사와 기재부 예산실장, 국회 예결위 수석전문위원 등 단 4명만 참여하는 비공식 회의에서 결정된다. 국립익산박물관 건립 예산이 그야말로 예결위 야당 간사를 맡고 있는 나의 어깨에 달려 있다고 해도 과언이 아닌 이유였다.

12월 1일 본회의까지 남은 시간은 열흘 남짓이었다. 아직 정부 예산안의 삭감 작업이 마무리되지 않았기 때문에 본격적인 증액 심사를 할 수 있는 날은 손가락에 꼽을 정도였다.

게다가 2014년은 국가 예산이 선진화법의 적용을 받는 첫해였다. 예산안 심사 시한인 11월 30일 자정 전까지 예산 합의안을 만들지 못하면 예결위 활동은 종료되고 정부 원안이 다음날인 12월 1일 0시를 기해 본회의에 자동 부의되도록 정해져 있었다.

8. 고양이를 무는 쥐의 심정으로

증액 심사에 돌입하자 처음에는 협조적이었던 기재부의 태도가 달라지기 시작했다. 예산 삭감은 국회 권한이었지만 증액은 헌법상 정부의 동의가 있어야만 했다. 기재부는 입맛에 맞는 예산에 대해서만 동그라미를 치고 정말 담겨야 할 핵심 예산에는 엑스자를 그었다. 게다가 국립익산박물관 예산은 '절대 불가'로 맞섰다. 예산실장은 심지어 "500억을 들여 새 박물관을 지어드리겠다. 단, 국립은 안 된다"라는 말까지 했다.

11월 29일 토요일에는 예산실장이 증액 회의에 아예 나타나지도 않았다. 상상할 수도 없는 일이었다.

실세 중의 실세인 예산실장*은 거칠 것이 없었다. 게다가 심사 시한인 11월 30일까지는 겨우 이틀을 남겨두고 있었다. 여당 간사는 투덜대며 돌아갔지만 나는 그럴 여유가 없었다.

예산실장의 불출석으로 하루를 공치면 남은 날은 일요일 단 하루. 그마저도 협상은커녕 끌려다니다 끝날 공산이 컸다. 나는 익산과 전라북도의 현안은 물론, 야당 의원들의 예산 전체에 책임이 있었다. 망연자실한 그 순간까지도 예산 관련 전화와 문자는 그치지 않았다. 선진화법이 처음이라 참고할 전례도 없었다.

배수진을 치기로 했다. 원래 배수진은 좋은 전법이 아니다. 뒤로 강이 흐르기 때문에 밀리면 퇴각할 곳이 없어 모두 전멸하기 때문이다. 그러나 전력이 절대적으로 밀릴 때는 마지막 희망을 걸어볼 만한 방법이었다. 쥐가 궁지에 몰리면 고양이를 물게 되는 이치였다.

나는 야당 계수소위 위원들과 전북도 및 지자체 파견자 전원에게 철수 명령을 내렸다. 방을 모두 비우고 휴대폰도 모두 전원을 끄라고 말했다. 상식적으로는 기재부를 쫓아다니며 예산을 구걸해도 모자란 마당이었다. 계수소위 위원들은 한결같이 반대했지만 나는 관철시켰다. 초강수였다.

* 기획재정부의 예산실장이 어떤 직위인지 잘 알려지지 않았지만 2016년 김영란법(부정 청탁 및 금품 등 수수의 금지에 관한 법률)이 시행되면서 온 국민이 주목하는 자리가 됐다. 국가 예산을 주무르는 예산실은 '직무와 관련된 자'를 많이 만나는 곳이었는데 이 중에서도 예산실장은 김영란법 적용을 받는 400만 명 전체와 직무 관련성이 있다는 유권 해석이 나왔기 때문이었다. '갑' 중에서도 으뜸인 '슈퍼갑'이었다.

9. 산업단지와도 바꿀 수 없는 박물관

기재부는 토요일, 일요일만 잘 버티면 월요일인 12월 1일 0시에는 자신들의 뜻이 관철된 합의안이 올라갈 것으로 생각했다. 선진화법의 칼자루가 정부 손에 있다고 믿은 것이다. 그러나 내 생각은 달랐다. 예산 합의안을 올리려면 야당의 동의가 필요하다. 합의안을 만들지 못했을 때는 정부 예산안 원안이 자동 부의된다. 그 말은 곧 일명 청와대 VIP 예산, 여당 실세들의 예산, 각 부처 예산 등 정부안에 채 싣지 못해 국회 심의 과정에서 담겼던, 그 모든 예산도 함께 물거품이 된다는 뜻이었다.

'정부 원안을 올려보시든지……'. 배수진의 핵심은 바로 이것이었다.

기재부의 계산과는 달리 선진화법은 양날의 검이었던 것이다. 기재부와 나는 모두 검날을 쥐고 줄다리기를 하고 있었다. 물론 출혈이 심했지만 나는 11월 30일 마지막 날 선심성으로 던져주는 약간의 떡고물을 얌전히 받아먹을 생각은 추호도 없었다.

29일 밤 12시까지 절대 휴대폰을 켜지 말라는 말을 반신반의했던 계수소위 위원들은 깜짝 놀랐다. 핵심사업 예산을 반영시켰다는 휴대폰 문자가 새벽부터 속속 꽂히기 시작한 것이었다. 똑똑한 기재부가 선진화법의 양면성을 깨닫기까지는 긴 시간이 필요하지 않았다. 나의 속셈을 알아차린 기재부는 그야말로 발칵 뒤집혀서 밤새 예산실을 풀가동했고 야당의 동의를 구하기 위해 핵심사업 예산을 대량으로 풀어낸 것이었다.

물론 박물관 예산은 아직이었다. 기재부는 "차라리 익산에 산업단지를 지어드리겠다"고 버텼다. 여전한 반대 타령에 나는 "국립박물관은 산단은 커녕 산단 10개와도 바꾸지 않겠다"고 끝까지 밀어붙였다. 그 결과 박물관 예산은 12월 1일 새벽 가까스로 막차를 탈 수 있었다. 예산 시트가 닫히기 직전의, 손에 땀을 쥐게 하는 명승부였다.

기재부 예산실장은 "정말 제대로 허를 찔렸다"며 악수를 청했다.

미륵사지 서원 금당지의 초석과 초반석 ⓒ국립익산박물관

10. 도립박물관의 최초 국립 승격의 후폭풍 | 2015년

기재부를 넘고 나니 이제는 행자부의 산이 기다리고 있었다.

1년 후인 2015년 10월, 예상대로 행정자치부가 제동을 걸고 나섰다. 박물관 완공은 2019년 10월로 예정돼 있었다. 하지만 행자부는 국립박물관이 완공되어야 운영조직을 승인할 수 있다고 버텼다. 행자부의 주장이 사실 옳긴 했다. 국가공무원을 도립전시관에 배치할 수는 없었다. 하지만 국립익산박물관이 확정되면서 미륵사지유물전시관은 시로 관리전환을 한 이후 인력을 모두 전북도로 복귀시킨 상태였다. 직제가 승인되지 않으면 일손 없는 미륵사지유물전시관은 박물관이 완공될 때까지 문을 닫아야 했다.

덩달아 기획재정부는 운영조직이 없으면 자신들도 박물관 총사업비를 승인할 수 없노라고 선언해 왔다. 이 또한 재정 당국으로서는 정당한 결정이었다. 박물관 건립은 국비로 지원하지만, 도립전시관의 운영비까지 댈 수는 없었다. 조직과 예산 두 가지 모두 무너질 위기에 직면했다. 처음부터 찜찜하게 마음 한편을 눌렀던 공립(도립)의 첫 국립화 사례가 불러온 후폭풍이었다.

마침 익산의 왕궁리 유적, 미륵사지가 포함된 백제역사유적지구가 유네스코 세계유산위원회(WHC)에서 세계유산 등재 심사를 최종 통과한 상태였다. 10년이라는 긴 기다림 끝에 대한민국의 12번째 세계유산이 된 것이다. 이러한 때 연 40만 명이 찾고 있는 미륵사지전시관을 4년이나 폐관한다는 것은 있을 수 없는 일이었다.

묘수가 있었다. 바로 국립중앙박물관 소속으로 '국립 미륵사지유물전시관'을 임시로 신설하는 것이었다. 유물전시관을 국립으로 승격시키면 국가공무원도 배치할 수 있고 운영비도 국비로 댈 수 있었다.

하지만 행자부와 기재부는 전례가 없는 일이니 서로 먼저 집행하면 승인하겠다는 뜻을 완강히 고수했다. 두 부처가 핑퐁을 치며 서로를 핑계 삼았다. 방법은 한 가지였다. "그러면 동시에 합시다."

이에 행자부 장관은 "바로 운영 직제를 내리겠다"라고 답했고, 기재부 예산실장도 "총사업비를 확정 짓고 국비를 집행하겠다"라고 약속했다. 애초 364억에 불과했던 총사업비도 415억으로 껑충 뛰었고, 수시배정예산으로 묶여있던 설계비도 바로 배정됐다.

12월, 기획재정부와 행정자치부가 협의를 끝내면서 문화체육관광부는

이를 차관회의에 상정, 국립익산박물관 직제를 통과시켰다. 국립중앙박물관의 직제개정안은 국립익산박물관이 완공되기 전까지 국립중앙박물관 소속으로 '국립 미륵사지유물전시관'을 신설하고 2명의 인력을 증원한다는 내용이었다.

국립박물관 승격을 위한 모든 노력이 드디어 열매를 맺었다. '무늬만 국립'이라고 폄훼하던 이들도 일제히 입을 다물었다. 마침내 명실상부한 국립화에 쐐기를 박은 것이다.

국립익산박물관 신관 공사현장을 찾아 진행상황을 살폈다. 2019. 8. 30.

11. 백제 무왕께 예를 표하며 | 2020년

미륵사 창건과 쌍릉의 피장자를 둘러싼 대혼란을 잠재우기 위해 국립부여문화재연구소와 원광대 마한백제문화연구소가 재발굴조사에 들어갔다. 2018년 3월 대왕릉의 무덤 문을 열고 들어간 조사단은 놀라움을 감추지 못하였다. 관받침 위에 나무상자가 놓여 있었고, 그 안에는 작게 조각난 사람의 뼈가 소복이 담겨 있었다.

드디어 2018년 7월 17일 오후 가톨릭대 병원에 고고학, 역사학, 법의학, 유전학, 생화학, 암석학, 임산공학, 물리학 분야의 전문가들이 모였다.

전문가들은 모든 의견을 종합해 보았다. 7세기 전반에 사망한, 평균 이상으로 큰 키의 노년 남성, 고급스러운 음식을 장기간 섭취한 결과 발생한 질병으로 인해 극심한 통증으로 장기간 투병한 병력, 익산이란 신도시에 묻힌 백제의 왕.

무왕을 제외하고는 다른 누구도 떠오르지 않았다. 전문가들은 모두 입을 다물었다. 짧지 않은 침묵의 시간이 지나고 국립부여문화재연구소의 이상준 소장이 입을 열었다.

"그렇다면 이 인골을 백제 무왕의 것으로 보아도 되겠습니까?"

모든 참가자가 입을 모았다. "네."

발굴조사를 주도한 원광대 최완규 교수가 나지막이 말하였다.

"여러분, 백제 무왕이십니다. 예를 표하시지요."

참가자들은 뼛조각으로 우리 앞에 모습을 드러낸 무왕 앞에서 고개 숙여 예를 표하였다.

다음 날 오전 모든 언론에서 "백제 무왕의 무덤 확인"이란 제목의 기사가 일제히 보도되었고, 이 사건은 2018년도 고고학, 고대사 연구의 최대 성과로 평가되었다.

〈2019.2.23, 한겨레신문 '권오영의 21세기 고대사'〉 중

익산은 무왕의 출생·성장지이자 정치적 무대였다.

신라를 무려 12번이나 공격했던 무왕은 639년 익산 천도를 결정했다.

무왕의 간절한 소원이자 마지막 승부수였다.

그 백제 중흥프로젝트 정점에 미륵사가 있었다.

백제멸망 21년 전이었다.

'미륵사 사리장엄'은 무왕의 영원히 이루지 못한 염원으로 남았다.

나는 조용히 고개 숙여 예를 표했다.

"이제 고향에서 편히 쉬십시오."

익산 후손들은 그 처연한 터에 그의 마지막 꿈을 담기로 했다.

'보이지 않는 박물관'은 잔디를 덮고 몸을 낮춰 미륵사 '터'와 하나가 되었다.

2020년 1월 10일. 국립익산박물관이 정식으로 문을 열었다.

없는 길은 만들고 굽은 길은 펴다

최초 국비 투입 사례
중앙지하차도

국비를 확보하는 과정이 외롭다는 생각이 들 때가 종종 있다. 그 과정과 절차가 복잡하고 지난하기에 일일이 설명하기도 어렵다. 익산은 물론 전북의 핵심 동맥 역할을 할 중앙지하차도 사업도 그랬다.

기재부가 국비를 승인할 수 있도록 마지막 싸움을 준비하고 있었다. 사업비가 엄청나 엄두도 낼 수 없었던 사업에 국비를 투입하는 일은 정관계에서는 경천동지할 일이었으나, 지역에서는 기정사실이 되어있었다.

마치 마지막 계주가 이제 막 출발선에 섰는데 관중이 모두 승리를 확신하고 떠나버린 것 같았다.

1. 국비는 단 한 푼도 받을 수 없는 도로

2011년 8월, 정부과천청사 국토부 7층 회의실.

국토부 고속철도과 사무관 그러면 익산시 의견을 들어보겠습니다.

익산시 도시개발과장 우리 시는 재정 자립도가 24%로 극히 낮아 건설교통국 전체 SOC사업비가 140억 원 정도입니다. 국가사업 및 도비 보조사업 시비 분담액을 제외하고는 신규 사업은 일체 투자할 수 없는 여건입니다. 우리 시가 투자할 수 있는 비용은 60억 원으로 용지매입 44억, 공사비 16억 원 정도는 재정적으로 가능할 것으로 판단됩니다.

국토부 고속철도과장 총사업비가 얼마입니까?

익산시 도시개발과장 지하차도 150억, 지상부 도로 275억 등 총 425억 원입니다.

국토부 간선도로과장 지금 우리가 왜 이런 회의를 해야 하는지 모르겠습니다. 익산시가 중간에 방향을 틀어서 설계하는데 좀 더 연장해서 더해주면 좋겠다 해서 추가로 설계를 해준 것밖에 없는데, 마치 설계하면 공사까지 다 해주는 것처럼 생각하고. 국토부에 떼쓴다고 될 일이 아닙니다.

문제는 500m였다. 국도가 아니었기 때문에 국비는 단 한 푼도 받을 수 없는 도로였고, 공사비는 익산시 재정으로는 도저히 감당할 수 없는 수준이었다. 무려 425억이 드는 사업에 60억밖에 투입할 수 없다고 하니 국토부가 화를 내는 것도 당연했다.

KTX 서부역사 진입로 개설공사(중앙지하차도 연결공사)는 KTX 익산

중앙지하차도 시점부(중앙동 방향)

역~국도 27호선 간의 연결노선이었다. 이 중 면 구간인 장산—송학 도로 확장 구간 1.16km는 국토부, 나머지 500m는 익산시 사업이었다. 국가사업은 착착 진행되는 중이었으나 익산시 구간은 전혀 진척이 없었다.

당시 익산의 재정 자립도는 23.3%로 전국 도시지역 평균인 38%에도 미치지 못했다. 2014년 KTX 역사 준공까지 불과 3년을 남겨둔 시점에서 가용예산 60억을 해마다 투자한다고 해도 총공사비 425억이 될 리 만무했다. 만약 이대로 손 놓고 있다가는 국토부는 익산시 구간 앞에서 가벽을 설치하고 철수할 것이 뻔했고, 도로는 당연히 제구실을 할 수 없었다.

익산역 이용객은 하루 2만 명이 넘었다. 익산역 주변 도로의 평균 통행 속도는 평일에도 30km/h를 넘지 못했고, 익산역과 인접한 송학로는 22.2km/h 정도였다. 앞으로 익산역과 배산지구 개발수요를 감당할 수 없을 것이 자명했다. 또한 국도 27호선, 23호선 연계를 통해 새만금, 전주, 군산, 김제, 충남권 등의 이용객을 집중시키는 데 핵심적인 동맥인 이 도로가 뚫리지 않는다면 익산의 미래가 가로막힌다고 해도 과언이 아닌 상황이었다. 2008년 내가 처음 당선되었을 때 익산시장이 가장 먼저 가져온 현안 사업도 바로 이것이었다.

2. 일단 관계 기관을 한배에 태우다

사실 국토부와는 KTX 익산역을 선상 역사로 설계 변경할 때부터 국비 투입을 위한 교감이 있었다. 그래서 2008년 말 중앙지하차도 확장 추진을 위해 먼저 실시설계비 5억을 확보할 수 있었다. 이어 2009년에는 10억을 투입했다. 금액은 많지 않지만 드디어 국비 지원의 물꼬를 튼 것이다. 두 번째 10억을 확보했을 때는 KBS 9시 뉴스에서 이를 크게 문제 삼기도 했다.

앵커 보통 예산안은 삭감되는 것이 정상이지 않습니까? 증액되는 것은 이례적인 일인데요.

기자 그렇습니다. 최근 몇 년 동안 정부 예산안이 국회를 통과하는 과정에서 대부분 몇천억 원씩 삭감됐습니다. 알고 보니 의원들의 지역구 민원성 사업들이 대거 증액된 것으로 확인됐습니다. 예산안 증가의 원인은 애초 정부안에는 없던 사업이 예산심사 과정에서 끼워 넣어지는 경웁니다.

경북 포항 영일만 신항구에 들어가는 30억 원 규모의 철도 사업이 신설됐고, 전북 익산역에 10억 원 규모의 진입도로 건설 사업이 추가됐습니다.

〈2010.1.4. KBS 뉴스〉

욕은 먹었지만, 시민들은 오히려 이 소식을 반겼다. 일단 설계비로 국비의 코는 꿰었으니 이제 본격 예산을 투입해야 할 때였다. 그 사이 국토부 장관이 바뀌었고 국비 투입에 공감했던 실무진들도 대폭 보직을 옮겼다. 이제 옛 인연에 매달려 갈 수는 없었다. 새로운 동력이 필요했다. 나는 차관에게 중앙지하차도 관련기관 담당자들이 대안을 모색하는 자리를 마련해달라고 요청했다. 일단 모두 한배에 탔다는 것을 일깨우는 과정이 필요했다.

국토부의 고속철도과장, 고속철도과 사무관, 간선도로과장, 간선도로과 서기관과 △한국철도시설공단 호남고속철도사업단장, 고속철도 건설처장, 호남고속 PM부장, △익산지방국토관리청 도로계획과장, 그리고 △익산시의 도시개발과장, 건설과장 등이 2011년 8월, 국토부 회의실에 모였다.

한국철도시설공단 호남고속철도사업단장 우리 공단에서는 설계에 맞게 시공했을 뿐인데 지역 여론이나 시민들은 우리 공단에서 잘못한 것처럼 생각하고 있습니다. 익산시를 도와주는 방안을 찾아보는 게 좋을 것 같습니다.

도로개통 후에 문제가 발생할 것은 불 보듯 뻔하니까 도로 쪽에서 방법을 찾아보는 것이 어떨지 싶습니다.

국토부 고속철도과장 익산시의 요구는 합리적인 대안 요구가 아니고 국회의원을 앞세워 추진하려는 식입니다. 익산시 재정문제 때문에 약속은 했지만 못하니 도와 달라 이거죠?

익산시 도시개발과장 네. 그렇습니다.

국토부 간선도로과장 지하차도 공사 막장에 막아놓고 끝내면 국민이 뭐라고 말하겠습니까? 어떻게든 도로와 연결을 시켜놓고 끝내야 할 것 아닙니까.

한국철도시설공단 호남고속철도사업단장 국토부에서 주관이 되어 총사업비 변경에 도움이 되게 해주셔야지 우리 공단에만 떠넘기시면 안 됩니다. 솔직히 말해서 철도부서 잘못이 아니고 익산시의 예산이 없어서 이렇게 되었으니 기재부를 움직여 달라고 하셔야 하지 않겠습니까?

정부가 맡은 구간 공사를 끝낸 후 철수하게 되면 여론이 어떻게 움직일지 예측은 어렵지 않았다. 후폭풍에서 자유로울 곳은 없었다. 여전히 관계 기관들은 화가 난 상태였지만 어떻게든 방법을 찾자는 데 공감을 이룰수 있었다. 한배에 탔다는 것만은 분명했다.

3. 연이은 선거와 국토부와 기재부의 배신

2011년 관계 기관 담당자들 회의 이후 괄목할 진전을 보이지 못했던 것은 2012년 총선을 앞둔 상황이라는 탓도 있었다. 이춘석이 살아 돌아올지를 관망한 것이다. 관료들이 이런 계산을 하는 것은 정치적이기는 했으나 이해 못 할 바는 아니었다. 법사위 간사를 맡고 있어 국토부 법안을 특히 깐깐하게 심사했던 터였다. 국토부로서는 어떻게든 위기를 모면할 생각이었을 것이다.

다행히 78%의 지지로 재선에 성공했다. 친한 여의도 정치부 기자들이 '공산당 지지율'이라고 농을 할 정도로 압도적이었다. 덕분에 나는 관례를 깨고 또다시 법사위의 간사를 맡을 수 있었다. 3년을 내리 간사를 한 경우는 전무후무한 일이다. 나는 당연히 재차 국토부 압박에 들어갔고 "지금까지와 같은 사업명으로는 보는 눈이 많아 곤란하니 신규 사업으로 이름을 바꿔 다시 올려주면 예산에 반영하겠다"는 약속을 받아둔 터였다.

나는 2012년 말 예결위에 당시 주승용 국토위원회 위원장 명의로 예산을 건의했다.

호남고속철도 건설(2531-302)

호남고속철도 익산역으로의 접근성 및 연계성 증진 차원에서 익산역 진입로 개설(중앙지하차도건설) 사업 국고 추진방안 고려 필요

익산시민의 숙원과 의지를 담아 간략하고 건조하게 요약한 건의안이었다. 그러나 국토부는 "철도 구역은 공단에서, 구역 밖은 해당 도로 관리청이 시행하는 것이 원칙이고 철도사업부지 경계선까지 철도공단이 시행하는 것으로 결정된 사항으로, 사업 구간 연장 요구는 수용 곤란"이라는 답을 내놨다. 결론은 '불수용'이었다.

'아니, 이 사람들이!'

하지만 배신감보다 더 큰 문제는 해법을 찾지 못하면서 시민들에게 닥칠 불편이었다. 공사 진척이 안 되면서 특히 상인들의 어려움이 커졌다. 큰 타격이었다.

"대선이라 그렇습니다. 공무원들은 정권 향배가 불투명한 상황에서 절대 무리한 사업을 추진하지 않습니다."

국토부의 기망행위에 가만 있지 않겠다고 화를 내자 국토부 간부가 실토했다. 그것은 국토부만이 아니라 기재부도 마찬가지일 것이라고 말했다.

'연이은 선거 탓이라?'

그러나 가만히 있기에는 익산의 사정이 너무 절박했다. 나는 다시 기재부로 활시위를 돌렸다. 정권교체에 실패하고 예산안이 해를 넘겨 1월 1일 통과되는 사상 초유의 시간 속에서도 나는 줄곧 기재부를 좇았다. 쪽지예산이라도 넣을 심산이었다.

기재부는 "시 관할 도로를 정부예산으로 시행했다는 선례가 만들어지면 매년 전국 비슷한 처지에 있는 공사에 나랏돈 전체를 퍼부어도 모자랄 것"이라고 난색을 보였으나 결국은 예산 반영을 약속했다. 나는 1월 1일 예산안이 본회의장 테이블에 올라오자마자 예산을 확인했다. 중앙지하차도 예산은 없었다. 손이 떨렸다. 모두 밤을 새운 뒤라 해장국 한 그릇 하자는 동료의원들의 권유에도 나는 기재부 예산실장을 찾았다.

"의원님 정말 죄송하게 됐습니다. 달리 예산을 투입할 방법이 있는지 조만간 익산에 직원을 보내 방법을 찾아보겠습니다."

이미 차는 떠난 뒤였다. 식어버린 국물에 밥을 말면서 선배·동료 의원들에게 속내를 털어놓았더니 모두 포기하라고 얘기했다. 될 리가 없는 사업이라고 입을 모았다. 예산을 따게 되면 꼭 귀띔해달라는 의원도 있었다.

"우리 지역에도 그런 도로가 많거든."

4. 권익위 제소로 가닥을 잡다

2013년 2월, 기재부는 약속을 지켰다. 기재부가 비공식적으로 익산을 방문했다. 아마 기재부가 팀까지 꾸려서 내려온 것은 전례를 찾아보기 어려울 것이다. 일단 재정 당국의 의지는 확인한 셈이었다. 이제 가시적 성과를 만들어야 했다.

국토부에는 '올해 법안 통과는 기대하지 말라'고 선언했다. 나는 법사위 간사였다. 야당 간사는 제2소위의 위원장을 겸하는데 이곳은 다른 상임위의 법안을 심사하는 곳이었다. 어떤 법안을 상정해서 심사할지 결정할 권한도 나에게 있었다. 새 정부 출범으로 모든 부처는 대통령 공약사항을 이행하기 위해 앞다투어 관련 법안을 내놓았다. 국토부도 예외는 아니었다.

마침내 국토부 2차관의 특별 지시가 내려졌다.

'무조건 해법을 찾아라.'

의원실과 관계 기관이 머리를 맞댔다. 권익위에 제소하는 것이 가장 좋은 방안이라는데 의견이 모였다. 당시 중앙동과 송학동의 지역 상가 점주들은 영업 손실이 언제까지 이어질지 예측할 수 없어 불안감과 불만이 점점 거세지고 있었다. 시를 상대로 손해배상청구소송을 해야 한다는 의견까지 나왔다. 구체적인 공사계획이 없으니 당연한 여론이었다. 그런데 최삼열 송학동 주민자치위원장과 김만철 모현동 주민자치위원장 등 주민들이 나서주었다. 지역주민 3만 2천여 명의 서명을 받아 권익위에 집단민원을 제기한 것이다.

"익산역 하부를 관통하여 동편과 서편을 연결하는 중앙지하차도 확장공사가 4년 동안이나 폐쇄되어 통행 불편은 물론, 상권 붕괴의 피해가 발생했으니 이를 조속히 해결해달라"는 내용이었다. 피신청인은 국토교통부 장관, 익산시장이었다.

드디어 9월 13일 국민권익위원회 전원위원회 회의실에서 1차 회의가 열렸다. 국민권익위원회 고충민원 심의관, 국무조정실 갈등관리 지원관, 국토교통부 철도국장, 한국철도시설공단 건설본부장, 익산시 부시장이 참석했다.

익산시 지하차도 연결 구간에 대한 사업은 단일구조물로 보아 국가사업으로 추진해 주시기를 요청합니다. 재정 상태가 좋지 않으나 토지매입비는 시에서 부담하겠습니다.

한국철도시설공단 지자체의 형편이 어려운 줄은 알지만 그래도 저희 공단보다 좋은 것으로 생각합니다. 우리 공단 부채가 12조로, 하루 이자만 23억입니다. 국고로 사업을 추진한다 해도 전국에 유사한 사례가 많고 이는 타 사업에도 신뢰를 잃는 문제입니다. 우리 공단은 더 이상 사업추진이 불가함을 이해해 주십시오.

국토교통부 지자체 재정으로는 2014년 개통에 많은 지장을 줄 것은 자명한 사실이고 이로 인해 국책사업에 대한 국민적 비난이 일 것으로 판단됩니다. 지하차도 연결공사는 국토부에서 시행하는 것을 검토하도록 하겠습니다. 그러나 지하차도 외 도시계획도로 구간은 익산시가 추진해야 합니다. 익산시가 정히 어렵다면 공무원 월급이라도 삭감하십시오.

국무조정실 쟁점 사안인 익산역 중앙지하차도 연결공사 외 구간 도로 부분은 익산시가 추진하여야 할 것으로 판단됩니다. 익산시 재정의 어려움은 알겠으나 기관별 입장과 모든 일에는 법과 원칙을 벗어날 수 없을 것으로 생각됩니다.

국민권익위원회 오늘 회의에 대하여 우리 위원회에서 사실 조사한 내용과 기관별 의견 차이가 심하여 더 이상 회의 진행의 의미가 없을 것으로 판단됩니다. 쟁점 사항에 대한 이견이 좁혀지지 않으면 결국 우리 위원회에서도 빠질 수밖에 없습니다. 다음 회의에는 좀 더 진전이 있는 회의가 될 수 있도록 적극 협조 부탁드립니다.

5. 나에게 남겨진 가장 어려운 숙제

나는 이 같은 내용의 회의 결과를 보고받고 즉시 국토부 차관에게 연락했다. 철도시설공단의 입장이 완강했지만 산하기관인 만큼 국토부의 의지만 확고하다면 큰 어려움은 없을 것이었다.

국토부에서는 "고속철도사업비 국고만 1~2조에 이르니 200억 정도 예산은 문제없다. 예산보다 총사업비 변경에 대한 논리와 기재부 설득이 문제다. 이것은 의원님이 뚫어주셔야 한다"고 주문해 왔다.

현장 조사, 갈등 조정 사전협의회, 실무협의 끝에 마침내 합의안이 나왔다.

익산시가 공사해야 하는 구간이 총 500m였지만, 중앙지하차도 구간 293m 중 복합환승센터 시범사업 구역 145m는 철도 연계 시설로 보아 보상과 공사 모두 국고 지원하는 방안을 찾고, 환승센터 구역 밖 148m는 익산이 시행하기로 했다. 국고는 220억, 익산시 부담은 156억이었다. 애초 425억에서 큰 부담을 덜어내니 짐이 가벼워졌다. 익산으로서는 더 없는 낭보였다.

한숨 돌렸지만 이제 시작이었다. 권익위가 기재부를 움직여 주는 것은 아니었기 때문이다. 권익위의 조정 합의 내용도 다음과 같이 돼 있었다.

가. 피신청인1(국토교통부 장관)은 이 민원 지하차도 잔여 구간의 시설물 및 도로공사에 필요한 사업비(용지비 제외) 확보를 위해 기획재정부와 총사업비를 협의한다.

나. 피신청인1이 위 '가' 항의 사업비를 확보할 경우 이 민원 지하차도 잔여 구간이 시설물 및 도로공사는 피신청인2(익산시장)가 시행한다.

그런데 지역에서는 이미 난리가 났다. KTX 익산역 중앙지하차도 공사

재개가 기정사실화됐다. 기사는 말할 것도 없고, 2013년 시민들이 뽑은 익산 10대 시정뉴스 중 최고의 뉴스로 선정되기에 이르렀다. 익산시는 다음과 같은 내용으로 보도자료를 배포했다.

"시가 지속적으로 중앙정부를 설득하고 시민들이 공사 요청의 뜻을 정부에 전달한 결과, 토지 보상은 익산시가 부담하고 공사는 국가 예산으로 약 500억 원의 예산이 투입돼 내년 말까지 공사가 완료될 예정입니다."

마지막 계주 주자가 출발선에 서 있는데 관중들이 다 끝난 게임이라며 떠나버린 것 같았다. 다음 해인 2014년도가 지방선거였다. 이해 못 할 바는 아니나, 너무 서두른 홍보였다. 기재부가 사실 가장 힘든 관문인 것을 알면서 이런 홍보를 했다면 나에게는 너무 가혹한 처사였다.

반드시 이겨야만 하는 싸움이었지만 그 책임은 오롯이 내 몫이었다.

중앙지하차도 조감도

6. 막다른 골목, 여야 간사가 손을 잡다

지난해 약속을 어겨 올해 초 기재부가 현장을 둘러본 만큼 승산이 없지 않다고 생각했다.

하지만 약속을 꼭 지키겠다던 예산실장은 투명한 눈을 하고 '무슨 말씀 이신지……' 라는 표정이었다. 나는 "권익위의 조정·합의 내용은 민법상 화해와 같은 효력이 있어 당사자는 상대방에 대한 이행청구권이 있다"고 설명했다. 이에 "기재부는 당사자가 아닙니다"라는 짧은 답이 돌아왔다.

그랬다. 당사자는 국토부와 익산시였다. 익산시는 국토부에 이행을 요구할 수 있지만, 국토부는 기재부 반대로 예산확보가 안 되었다고 하면 끝이었다. 기재부 예산실장은 예의 바른 미소를 띠고 이 사실을 정확하게 지적한 것이었다. 청와대와 국무조정실의 관심 사업이라는 설명에도 그의 표정에는 감정의 변화가 조금도 실리지 않았다.

나는 예산실장을 여러 차례 만났다. 더 이상 시간이 없었다. 나는 단도직입으로 물었다.

"어떻게 하자는 겁니까?"

"의원님. 다른 예산을 드리겠습니다. 한 번 원칙이 무너지면 다른 지역까지……, 걷잡을 수가 없습니다."

더 이상 들어볼 것도 없었다. 나는 마지막으로 아껴두었던 초강수 카드를 꺼내 들었다.

"올해 예산부수법안은 통과시키지 않겠습니다."

정부가 예산안을 시행·집행하기 위해서는 예산부수법안이 있어야 했다. 근거 없이 정부예산은 단 1원도 집행할 수 없었다. 따라서 예산부수법안들은 국회 본회의 예산안 처리보다 먼저 의결하는 것이 관례였는데, 나는 이것을 줄곧 잡고 있었다. 법사위 여당 간사와 의기투합 된 상태였다.

여당 간사의 지역에도 비슷한 사정이 있었다.

법사위는 국회 내에서도 최전방과 같은 곳이었다. 여야 모두 당의 요구는 항상 절벽이었고, 따라서 평화로운 합의는 동화 속 이야기였다. 여야 간사들은 번번이 정치 쟁점으로 얼굴을 붉혔지만, 그런 만큼 서로의 딱한 처지를 가장 잘 아는 사이이기도 했다. 그렇게 지역의 같은 고민을 안고 있는 양당 간사가 손을 잡은 것이다.

언론에서는 예산부수법안이 아예 법사위에 상정조차 되지 않는 것은 전례가 없다며 비판의 수위를 높이고 있었다. 민주당 내에서도 예산 관련 원내 전략과 달라 지역 문제로 부수법안을 잡는 것에는 깊은 우려가 있었다.

그러나 나는 지난해 예산안을 의결하던 날 당했던 배신에서 배운 것이 있었다. 그때는 시간이 부족해 물증 없이 믿을 수밖에 없었지만, 올해는 달라야 했다. 그래서 예산안이 통과되더라도 그 근거가 되는 부수법안이 없으면 무용지물이라는 점을 이용하기로 한 것이었다.

"지역 때문에 정부예산 전체를 잡으시겠다는 겁니까?"

기재부 예산실장의 권한과 법사위 간사의 권한이 시속 100km의 속도로 마주 달렸다. 서로 피하지 않아도 죽고, 먼저 피해도 죽는 싸움이었다. 당내 비판은 감수해야 했다. 나는 굳은 표정으로 의례적인 악수조차 하지 않았다.

중앙지하차도 종단도

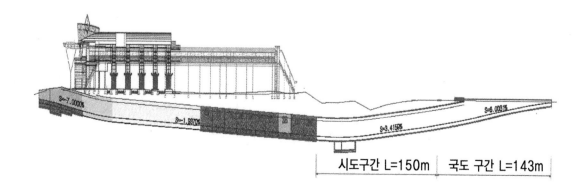

시도구간 L=150m | 국도 구간 L=143m

7. 믿기지 않는 결론, 함께 뛰어준 사람들

"의원님. 기재부의 담당과장이 연락도 없이 지금 갑자기 익산에 왔습니다."

익산시 국장의 전화였다.

잇달아 국토부로부터도 연락이 왔다.

"총사업비 증액 승인이 떨어졌습니다."

국고를 지키는 수문장이 드디어 문을 열어주었다.

"정말 믿을 수가 없습니다. 잘 됐습니다. 의원님. 고생하셨습니다."

2014년 3월 6일이었다. 이제야 서부역사 진입로 공사가 확정된 것이다. 하지만 지역은 조용했다. 몇몇 언론만이 국비 지원이 확정됐다는 소식을 알렸을 뿐이었다. 다만, 이제 시동을 걸었는데 제목은 "확장공사 가속화"로 달려 있었다.

"어땠어? 나는 아주 잘했다고 지역에서 난리가 났어."

여당 간사의 전화였다.

"축하드립니다. 저는 이 사업이 안 됐다면 지역에서 난리가 났을 겁니다. 저에겐 조용한 상황이 오히려 축복입니다."

"......?"

나는 상황을 종합해 짤막하게 설명했다.

"뭐야, 그러니까 예선전 통과한 것을 본선에서 메달 딴 것으로 잘못 알고 있다는 거네."

"그런 셈입니다."

"이 간사도 딱하게 일하고 있구먼. 하지만 꼭 알아줄 날이 올 테니 너무 실망 말게."

2016년 11월 18일 중앙지하차도가 개통됐다.

'8년을 뛰어 드디어…….' 개통식 테이프 커팅이 마치 결승점 테이프를 끊는 일처럼 느껴졌다. 나는 돈이 없어 작은 일에도 정치적 목숨을 수시로 걸어야 하는 전북 의원이었다. 어떤 개소식, 개통식도 하나하나의 사연만큼 각별했고 묵직했다. 이날 나는 익산시 소상공인연합회로부터 감사패와 함께 따뜻한 박수를 받았다.

마지막 한 바퀴를 지켜보는 이 없이 홀로 뛰었다고 생각한 것은 오해였다. 이렇게 많은 이들이 함께하고 있었다. 관중석이 아니라 바로 내 곁에서 뛰고 있었던 것을, 결승점에 들어와서야 비로소 깨달았던 것이다.

권익위, 익산시, 국토부, 한국철도시설공단 모두에게 감사를 표하며 나는 정식 개통을 축하했다.

"1원도 투입될 수 없었던 중앙지하차도에 정부예산이 배정되었습니다. 그동안 기다려 주신 시민 여러분, 정말 고맙습니다."

없는 길은 만들고 굽은 길은 펴다

평화육교가
새 생명을 얻기까지

평화육교의 재가설 과정은 이름과 달리 평온하지 않았다. 시민들은 다리가 곧 무너질 것 같은 공포를 느꼈다. 재가설 비용은 400억이 넘었고 그 돈은 온전히 익산시 부담이었다. 분담금을 25%로 낮췄다. 그 과정에서 기재부 과장이 문책성 보직 변경을 당했다. 익산시는 이마저 거부했다.

어렵게 착공했지만, 주민 불편과 상가 피해 우려로 걸음을 떼지 못했다.

공사 기간의 장기화에 따른 불편으로 민심이 나빠졌고, 그 여파로 경선 패배의 아픔을 겪었다. 2022년이 되어서야 육교가 완성되었지만 나는 개통식에는 초대받지 못했다. 하지만 이제 익산시민들은 안전하고, 왕복 2차선에서 6차선으로 크게 확장된 평화육교는 무심하게 평온하다.

1. 시민의 공포와 400억 공사비의 공포

> 익산 평화육교 지날 땐 '오늘도 무사히…'
>
> 목천동에서 영등동으로 매일 출근하는 회사원 B씨는(43)는 문밖을 나서기가 무섭게 늘 같은 내용의 기도문을 속삭인다.
>
> '오늘도 무사히'를 되새기며 버스에 오르는 그는 평화육교를 지날 때면 아예 눈을 감는다. 그의 이 같은 기도와 간절한 소망은 A씨와 마찬가지로 언론을 통해 평화육교가 붕괴 위험에 많이 노출됐다는 사실을 알게 되면서부터 생겨났다.
>
> 〈2011.7.15, 전북일보〉

* 안전진단 D등급은 주요부재에 결함이 있어 긴급 보수나 보강이 필요한 상태로 사용 제한 여부를 결정할 수 있다.
E등급은 주요부재에 심각한 결함이 있어 시설물 안전에 위험이 존재하는 상태로 즉각 사용 금지되어 보강 혹은 개축되어야 하는 상태다.

2011년 3월, 평화육교가 정밀안전진단 결과 D등급*을 받았다. 교각이 13.6cm나 왼쪽으로 기울어 있었다. 안전성 문제가 불거지면서 호남고속철도 공사가 중단되기도 했다. 복선화 공사가 완료되면 교각에서 불과 5m 옆으로 KTX가 지나가기 때문이다. 열차의 속도가 2배가량으로 빨라져 평화육교가 그 진동을 버텨낼 수 있을지 장담할 수 없었다.

중량 25톤 이상의 차량은 통행이 제한된 가운데 익산시는 국토부와 철도시설공단에 재가설을 건의했지만, 도로관리 주체는 익산이었다. 재가설에 드는 400억 상당의 예산은 법적으로 익산시 책임이었다.

나는 특별교부세 5억을 확보해 보수·보강에 힘을 보탰지만, 하루라도 빨리 근본적인 대책을 마련해야 했다. 보도가 이어지고 불안감이 날로 커지면서 시민들은 평화육교가 E등급 수준으로 곧 무너질 것 같은 공포를 느꼈다.

2. 보수 · 보강만으로 충분하다지만……

안전진단 D등급을 받은 평화
육교

2011년 8월, 정부과천청사 국토부 7층 회의실.

중앙지하차도 관련 논의 후 평화육교를 두 번째 안건으로 올렸다. 국토
부 2차관에게 부탁해 만든 자리였다.

국토부 고속철도과장 전체 공사비가 400억 정도 되는데 보수 · 보강만으로
가능하다는 안전진단 용역 결과를 무시해서는 안 됩니다.

한국철도시설공단 호남고속철도사업단장 안전진단 결과 D등급으로 보수 ·
보강해도 된다고 생각합니다. 재가설에 대한 명분이 없습니다.

국토부 고속철도과장 익산시 예산 확보계획은 어떻게 됩니까?

익산시 건설과장 철도건널목개량촉진법 기준에 의거 사업비의 25% 부담 의
사를 표명했습니다.

국토부 고속철도과장 그 법은 적용할 수 없습니다. 철도 부지에 해당하는 구간은 고려해 볼 수 있습니다만, 단 이것도 기획재정부 총사업비 변경이 가능한 경우입니다.

익산시 건설과장 현장에 가보시면 붕괴 위험이 커 재가설이 꼭 필요합니다.

국토부 고속철도과장 저도 현장에 몇 번 가봐서 잘 알고 있어요. 우리나라 기술이 우수합니다. 보수·보강하면 문제없습니다.

익산시 건설과장 보수·보강하면 남은 수명은 20년 정도로 유지관리에 문제가 많고 20년 후 재가설하면 비용이 많이 소요되기 때문에 현시점에서 재가설이 꼭 필요합니다.

국토부 고속철도과장 철도횡단 구간에 대해서만 협조 요청해 주세요.

국토부 고속철도과 사무관 익산시에서 너무 크게 확대하면 불리한 입장입니다. 오늘 회의 결과에 대하여 관련 부서 입장을 정리해서 통보하겠습니다.

익산시는 호남고속철 안전성 등을 고려해 전면 재가설에 나서줄 것을 건의했다. 하지만 국토부와 철도시설공단은 철도가 통과하는 교량 85m만 재시공하자는 의견을 내놨다. D등급이었기 때문에 보수·보강으로도 충분하다고 얘기했지만, 무엇보다 선례를 만들어 다른 지역까지 영향을 미칠 것을 저어하고 있었다.

선례를 그토록 만들기 싫었던 이유는 바로 지척에도 있었다. 바로 김제육교였다. 김제육교는 2011년 정밀안전진단 결과 재가설이 필요한 E등급 판정을 받았다. 이후, 보수공사를 거쳐 D등급을 유지했지만, 2014년부터는 10톤 이상 대형차량의 통행을 제한했다. 평화육교와 마찬가지로 준공 후 김제시로 이관되었기 때문에 국비는 받을 수 없는 형편이었다.

3. 사업비 부담을 100%에서 25%로

나는 2014년 국회 예산결산특별위원회 간사가 됐다. 이제야말로 해묵은 과제를 털어 익산시민의 체증을 해소할 절호의 기회였다. 9월 1일 정기국회가 시작되는 날, 국립익산박물관 승격과 함께 나는 평화육교 국비 투입을 선언했다. KTX 정읍역을 선상 역사로 만든 것처럼 평화육교로 선례를 만들면 김제육교에도 좋은 영향을 줄 수 있을 것이라는 속내도 있었다.

그러자면 새로운 논리가 필요했다. 지방도에 국비를 투입할 순 없었다.

평화육교와 교차하는 철로는 호남고속철도 전체 구간 중에서 유일하게 고속철이 깔리지 않은 일반선로였다. 고속철도가 구축되면 평화육교에 심대한 영향을 미칠 수밖에 없었다. 따라서 이 사업은 단순히 노후화된 지방도로 보수공사가 아니라 호남고속철도 공사의 연장이었다.

곧바로 국토부와 철도시설공단, 익산시와의 협의가 시작됐다. 총사업비 중 철도 부지 외의 용지보상비, 접속도로 공사비 등은 당연히 익산시가 부담하기로 했다. 이를 제외한 총공사비 405억이 분담 협상의 대상이었다. 왕복 2차로에서 6차로로 확장하고 사고위험이 컸던 곡선형 선형도 직선형으로 대폭 개선키로 하면서 공사 규모도 커졌다.

국토부는 철도가 통과하는 구간 교량 85m에 대한 공사비 139억만을 부담하고 나머지 266억은 익산시가 부담해야 한다는 입장이었다.

나는 다른 예산을 살피는 와중에도 평화육교 협상 과정을 꼼꼼히 챙겼다. 국토부와 공단은 번번이 손을 들고 자리를 박차고 나갔다. 철도공단과 익산시의 부담 비율을 3:7에서 7:3으로 역전시키고, 거기에서 익산의 부담을 25%로 더 덜어내는 과정은 순탄치 않았다. 처음부터 예견된 일이었다. 새 길을 만드는 일이었고 관료들은 그것을 반기지 않았기 때문이었다.

내가 할 일은 지치지 않고 엎어진 테이블과 의자를 바로 하고 먼지를 털어 새로이 협상테이블을 마련하는 것이었다.

'될 때까지 해 봅시다.'

검토에 재검토를 거친 끝에 결국 공단 307억, 익산시 98억으로 협의가 최종 타결됐다. 애초 익산시 부담 100%에서 66%로, 마지막에는 25%로 분담금이 대폭 줄었다. 정부 부담을 139억에서 309억으로 늘리고, 익산시 부담을 266억에서 98억으로 줄일 수 있었던 것은 내가 예결위 간사였기 때문이었다. 덕분에 한 푼이 아쉬운 익산의 세금을 대폭 아낄 수 있었다.

사업비 분담	기본안	재검토	협의안
철도공단	139억(34%)	286억(70%)	307억(75%)
익산시	266억(66%)	119억(30%)	98억(25%)
총계	405억 원	405억 원	405억 원

다른 예산은 12월 1일 다 확정됐지만 평화육교 건만은 기재부의 총사업비 증액에 따른 승인 절차가 남아 있어 해를 넘겼다.

뜻밖의 문제가 발생했다. 익산시가 협의안을 수용할 수 없다고 나선 것이었다. 애초 405억을 온전히 부담해야 할 것을 98억으로 줄였는데 그마저도 못하겠다고 했다. 마땅히 익산시가 추진해야 하는 철도 부지 외의 용지보상비, 접속도로 공사비만으로도 부담이 크다는 것이었다. 국토부와 철도시설공단은 "보다 보다 이런 경우는 처음 본다. 아무리 예결위 간사 지역구라고 해도 더는 못 참겠다"고 노골적으로 불만을 터뜨렸다. 나는 나대로 허탈함과 난감함을 감추기 어려웠다.

2014년 12월, 익산시 예산확보 내용 보고를 위한 익산시 출입 기자 간담회를 가졌다. 상식선에서 이해될 수 없는 문제를 공유하고 익산시를 추동하고 싶었다. 몇몇은 공론화를 반대했다. 안 그래도 나는 지역에서 까칠하다고 소문나 있었다. 잘잘못보다는 익산시와의 갈등으로 받아들일 가능성이 높았다. 시민의 생명과 안전이 달려 있었다. 나는 작심했다.

4. 10년 만의 기회도 거부한 익산시

예결위 간사는 쉬운 자리가 아니다. 내 기억에 2005년 강봉균 전 의원의 예산결산 특별위원회 위원장 이후 근 10년 만에 맞이한, 큰 기회였다.

그동안 전북과 지자체 공무원들은 전북 의원실을 전전하면서 귀동냥으로 예산 동향을 파악해야 했다. 하지만 내가 예결위 간사가 되면서 의원실은 전북의 베이스캠프이자 전략사무실이 되었다. 전북과 지자체 공무원들은 의원실에 상주하며 귀동냥이 아니라 실시간 정보를 토대로 전략을 새롭게 할 수 있었다.

당시 나는 30분 행보를 하다 그 시간도 모자라 면담 시간을 20분으로 쪼갰다. 관계 기관을 만나며 기재부 예산실의 정보는 물론, 정부 내 각 부처, 경쟁 지자체의 동향까지 낱낱이 파악할 수 있었다. 다른 지자체는 알수 없는 내밀한 정보도 보좌진을 통해 바로바로 전달됐다. 예산전쟁에서 절대적 우위를 점할 수 있는 정보와 지형이 완벽히 갖춰진 상태였다. 게다가 난관에 봉착하면 내가 든든하게 뒷심을 발휘했다. 전북의 예산 관련 공무원들은 물론, 지자체 예산담당자들이 의원실에 상주하며 한 푼이라도 더 국비를 따내기 위해 새벽부터 다음 날 새벽까지 전쟁을 치렀다.

그런데 단 한 군데, 지자체 공무원을 한 명도 파견하지 않은 곳이 있었다. 바로 내 지역구이자 고향인 익산이었다. 전북 예산이 전대미문 최대의 풍작을 이루는 동안이었다. 이에 전북일보는 "선택의 중요성"이라는 다중성 의미의 제목으로 기사를 송고했다.

그는 국회 예결위 야당 간사로 활약하며 익산시의 가장 큰 현안이었던 평화육교 재가설과 국립박물관 승격에 서부권 주민들이 손꼽아 기다렸던 수영장 건립 예산까지 불가능했던 사업들의 예산을 확보했다.

이런 결과를 기분 좋게 발표하려던 이 의원은 냉랭한 익산시의 반응에 안타

까움과 아쉬움을 내비치며 관계 개선을 위해 노력해야겠다고 했다.

특히 현안 사업들의 예산이 대부분 확보됐는데도 불구, 올해 익산시의 국비 확보에 비해 내년도 국비 확보는 상당히 줄어들었다. 이 의원은 그 이유를 이렇게 설명했다.

"다른 자치단체는 국비 확보를 위해 준비를 많이 합니다. 전북도에서도 공무원을 5명이나 파견했고, 거의 모든 시에서 공무원을 파견해 국비 확보에 나섰지만, 익산시만 한 명도 보내지 않았습니다."

익산시는 타 자치단체와 달리 국비 확보에 별다른 노력이 없었고, 오히려 국회의원이 적극적인 활동까지 당부했지만 그러지 않았다는 것.

결국, 지역 출신 국회의원이 막강한 힘을 가진 예결위 간사를 전북 최초로 맡았는데 무소속 익산시장과의 공조 체계가 이뤄지지 않아 지역 발전을 위한 절호의 기회를 놓친 셈이다.

지역에서 선출된 정당의 국회의원과 무소속 시장의 갈등이 지역 발전의 기회를 살리지 못한 아쉬움과 함께 지역민에겐 선택의 중요성을 새삼 일깨워 준다.

〈2014.12.8, 전북일보 '선택의 중요성'〉 중

5. 기재부 담당 과장의 보직 변경으로 물꼬

결국 익산시는 평화육교 예산 분담안을 받아들였다. 2015년 1월 15일, 국토부 주관으로 호남 KTX 안전 문제 해결을 위한 회의를 열고 다시금 사업비 분담을 확인했다. 남은 것은 기재부의 총사업비 승인뿐이었다.

그런데 마지막에 기재부는 "국비는 209억 이상 투입할 수 없다"고 밝혔다. 다 된 예산에서 100억을 덜어내겠다는 것이었다. 5대 5의 배분으로 다시 가져오라고 했다.

문제는 기재부의 담당과장이었다. 아무리 위에서 지시해도 듣지 않았다. 다른 부처들은 장·차관이나 실·국장이 얘기하면 명령에 따르는 문화가 있었다. 인사고과는 관료 사회를 지탱하는 척추와 같다. 그런데 기재부는 행정고시 합격자의 상위권이 몰리는 부처였던 만큼 다른 부처에 비해 승진이 어렵고 속도도 느렸다. 그러다 보니 독특한 조직문화가 생겼는데 승진 여부에 아랑곳하지 않는 직원들이 많다는 것이었다. 이들에게 정무적 판단 따위가 먹혀들 리 없었다. 기재부의 원칙만이 지고지순한 가치였다.

"도대체 총사업비 승인은 언제 해준다는 겁니까?"
회를 거듭할수록 목소리에 초조함과 짜증이 묻어났다.
"설득하고 있으니 조금만 더 기다려 주세요."
"지난번에도 똑같은 말씀을 하셨습니다."
"……."
무언가를 얘기하려다 그냥 입을 다무는 것이 확연했다.
"확답을 주실 수는 없습니까?"
"설득하다 안 되면 다른 방법을 생각해야지요."
기재부 고위 관계자의 표정에 서늘한 기운이 스쳐 갔다.
4월 초 마침내 기재부의 총사업비 승인이 떨어졌다. 지시를 듣지 않은 담당과장을 보직 변경해 버린 것이었다. 문책성 인사였다. 국립익산박물관 승격 때와 같이 마음이 무거웠다. 안 되는 일을 되게 하려면 불가피한 것인가……. 그러나 익산시민의 안전 문제였다. 나는 미안한 마음을 애써 한 편으로 밀어냈다.

6. 시민의 안전과 평온을 되찾아 준 평화육교

이후 2015년 6월, 공단이 설계·시공을 일괄 추진하는 것으로 협의를
완료하고 11월 설계에 들어갔다. 설계가 완료되면 공사를 추진해 2018년
12월 준공한다는 계획이었다.

그러나 공사 기간 교통차단에 따른 대체 우회도로 문제로 사업은 발을
떼지 못했다. 철도시설공단은 평화육교 옆에 임시 육교를 가설치하여 공
사를 할 계획이었지만 우회도로를 개설해 공사를 진행하자는 주민들과
갈등이 날로 첨예해졌다. 또다시 문제는 비용이고 분담 문제였다. 이대로
가면 장기화의 늪에 빠질 상황이었다.

나는 2017년 추석을 앞두고 철도시설공단에 협조를 요청했다. 철도시
설공단 관계자는 숙고 끝에 "주민들이 4차선 우회도로를 임시로 설치하

많은 이의 참여와 결단, 희생으
로 완공된 평화육교

여 먼저 개통한 후 공사를 진행하는 것을 원하는 만큼 그 뜻에 따르겠다"
고 약속했다.

야당일 때는 힘겨웠던 한걸음이 여당이 되니 생각보다 한결 가벼웠다.
정권교체를 실감하는 순간이었고 여당 사무총장이라는 직위가 힘이 된다
는 것을 절감한 계기이기도 했다.

2022년 6월 평화육교가 드디어 새 생명을 찾고 건강한 위용을 드러냈
다. 나는 시민의 뜻에 따라 총선에 나가지 못하면서 개통식에는 초대받지
못했다. 멀리서 준공과 개통을 축하했다. 계획보다 늦어진 만큼 더 오래
오래 익산의 역사와 함께하길 바랐다.

많은 사람의 참여와 결단, 희생으로 만들어진 다리였다. 이제 익산시민
들은 안전하고, 왕복 2차선에서 6차선으로 크게 확장된 평화육교는 무심
하게 평온하다.

덧붙이는 글

익산 평화육교의 선례는 김제육교에 큰 도움이 되지 못했다. 오히려 도
미노가 될지도 모른다는 정부의 우려로 더 극심한 반대에 부딪혀야 했다.
국비를 받기 위해 철도안전법까지 개정했으나 실질적 지원금을 결정할
시행령 개정을 정부가 막아 4년 가까이 지연됐다. 그사이 김제는 재가설
을 위한 5만 시민 서명운동까지 벌였다.

사업비는 240억이었다. 2017년 국가 예산에 최종 반영했으나 기재부
가 사업비의 50% 이상은 지원할 수 없다는 입장을 고수해 결국 5대 5로
결정됐다.

없는 길은 만들고 굽은 길은 펴다

식품클러스터에 쏟아진
전무후무한 축복

국가식품클러스터 전경 투시도 ⓒ한국식품산업틀러스터진흥원

2019년 41%에 불과하던 분양률이, '조세특례제한법' 법안 통과 이후 2020년 49%, 2021년 61%, 2022년 72%, 2023년 80%로 뛰었다.
전북도와 익산시는 2025년 100% 분양이 완료될 것으로 예상하면서 2단계 확장을 추진했고, 마침내 2023년 3월, 신규 국가첨단산업단지 후보지로 선정됐다.
기재부가 반대하고 버틴 것도 무리는 아니었다. 파격적인 혜택이었다.

1. 국가식품클러스터를 키울 새로운 길

세계 유수의 식품클러스터들은 지역농업과 식품산업, 대학, 연구기관 등이 유기적으로 관계를 형성하며 진화, 발전됐다. 그러나 익산에는 하림 외에는 큰 식품기업이 거의 없었고 지역농업도 산업과의 연계는 미미한 수준이었다. 대학도 기업과 연계 없이 각각 고립계로 존재하고 있었다.

익산 국가식품클러스터는 이러한 축적 과정 없이 정부 주도적으로 설계됐다. 2014년 3월 첫 삽을 뜬 익산 국가식품클러스터는 2018년 준공됐다. 56개 업체가 입주하기로 계약해 분양률은 37%였다. 그해 분양률을 50%까지 끌어 올릴 계획이었지만 2018년 9월 현재, 입주가 완료되었거나 진행 중인 기업 수는 57개에 그쳤다.

그사이 나는 국가식품클러스터 관련 예산을 꼬박꼬박 100% 또는 그 이상으로 초과해서 챙겼다. 그러나 그것만으로는 부족했다. 인위적인 이식에는 당연히 많은 지원과 노력이 따라야 했다. 동력이 부족했다.

2018년 윤태진 한국식품산업클러스터진흥원 이사장이 찾아왔다. 민주당에서 정책실장과 농림축산식품해양수산위원회 수석전문위원을 역임한 바 있었다. 윤 이사장은 국가식품클러스터 입주기업에 대한 법인세 감면이 필요하다며 입법에 도움이 필요하다고 말했다. 유능하고 의지가 있는 사람이 국가식품클러스터지원센터 이사장으로 취임한 것이다. 반가웠다. 나는 그와 힘을 모아 '조세특례제한법' 개정을 통해 식품기업 입주에 법인세 감면을 추진했다.

이하는 『낙하산 기관장의 공공기관 분투기』라는 그의 책을 발췌한 글과 함께, 사이사이 그 과정을 이해할 수 있는 당시 상황을 교차해 담은 것이

다. 식품클러스터의 현재와 '조세특례제한법'의 필요성을 이해하기에 좋은 글이라 양해를 얻었다.

국가식품클러스터 조감도
©한국식품산업클러스터진흥원

2. 기재부에 가로막힌 법인세 감면

기업 대표들은 한결같이 익산에 있는 국가식품클러스터가 수도권에서 너무 멀다고 했다. 그제야 현실을 깨달았다. 가공식품의 70%를 인구 50%가 모여 있는 수도권에서 소비한다. 식품 대기업들이 천안 이남으로 내려가지 않는다는 속설은 근거 있는 이야기였다.

… 중략 …

취임 초기 입주 관심 기업을 찾아다니는 투자유치 활동보다는 입주 기업들에게 도움이 될 수 있는 인센티브를 만들어 주는 것이 효율적이라고 판단했다. 2018년 5월, 입주 기업에게 해줄 수 있는 인센티브를 찾아봤다. 입주 기업에게 5년간 법인세를 감면해 주고 있는 오송첨단의료복합단지와 대구경북첨단의료복합단지의 유사사례를 찾아냈다. 개정법률안이 성공적으로 처리되기 위해서는 대표 발의 국회의원을 찾아야 했는데 익산이 지역구인 이춘석 의원에게 제안하면 좋을 것 같았다.

2018년 5월 말 이춘석 의원을 찾아갔다. 예상은 적중했다. 이 의원은 아주 좋은 아이디어라며 흔쾌히 수락해 주었다.

의원실은 그 초안을 다시 다듬어 성안하고 공동 발의할 국회의원을 섭외했다. '조세특례제한법' 일부 개정안이 제출되자 입법조사관들과 기획재정부로부터 부정적인 검토 의견과 반대의견이 봇물 터지듯 나왔다. 이런 리스크관리는 전적으로 이춘석 의원이 맡아주었다.

식품진흥원은 진행 상황을 점검하고 반대의견에 대한 대응 논리를 만들어 입법조사관 등 실무자들에게 설명하고 간청하면서 1년여를 보냈다.

ー 윤태진, 『낙하산 기관장의 공공기관 분투기』 중

윤태진 이사장의 초안을 토대로 법사위에서 오래 단련된 보좌진과 머리를 맞댔다. 나 또한 법조인 출신이고, 법사위에서 잔뼈가 굵었다. 법안의 완성도를 높이기 위해 자료조사도 병행했다.

이미 연구개발특구 · 첨단의료복합단지 · 기업도시개발구역 · 아시아문화중심도시 등에 대해서는 일반적인 창업 · 지방 이전 감면 외에도 소득세 · 법인세를 3년간 100%, 다음 2년간 50%를 감면해 주고 있었다. 나는 이와 같은 내용을 담아 2018년 9월 법안을 제출했다.

국내 1위 식품기업이라 할지라도 글로벌 1위 식품기업에 비하면 매출액은 10분의 1 수준에 불과했고, 국내 식품기업 중 81%가 고용인원 5인 미만의 영세한 기업이었다. 이러한 식품기업들을 국가식품클러스터에 집적시키려면 인센티브를 제공할 필요가 있었다. 과세표준 소득 2억 초과, 3천억 이하 규모 업체는 평균 20%의 법인세를 내야 한다. 순이익 20억의 기업이라면 4억을 아껴 재투자 비용으로 활용할 수 있는 만큼, 법인세 감면은 적지 않은 지원이었다.

이런 점은 기재위의 전문위원도 인정했다. 전문위원은 11월 제출된 심사보고서에 "국내 식품산업의 R&D 부재, 집적화 부족, 영세성 등을 고려할 때 성장하는 세계시장에 대응하기 위한 국내 식품산업의 발전을 세제정책 측면에서 지원할 필요"가 있으며 "국가식품클러스터 입주기업에 대해서도 다른 업종별 특구와 유사한 수준의 조세특례를 부여함으로써 세제지원의 형평성을 제고할 필요가 있음"이라고 적시했다.

다만 "현재 다수의 지역특구 입주기업에 대한 세액감면 제도를 운용함에 따라 전국이 지역특구화되는 경향이 있으므로, 기획재정부는 추가적인 지역특구의 신설은 곤란하다는 입장"을 감안할 필요가 있다고 부연했다.

또다시 기재부가 발목을 잡았다. 결국 법안은 기재위의 조세소위원회의 문턱을 넘지 못했다. 식품기업 입주가 시급한 때, 1년이라는 소중한 시간을 그냥 흘려보냈다.

3. 절치부심 끝에 기재위원장이 되다

그런데 반전할 수 있는 희소식이 들려왔다. 대표 발의자인 이춘석 의원이 2019년 하반기부터 기획재정위원회 위원장이 된 것이다. 좋은 징조로 보여 우리는 환호했다.

— 윤태진, 『낙하산 기관장의 공공기관 분투기』 중

민주당은 관행에 따라 선수(選數)와 나이를 고려해 상임위원장 자리를 배분한다. 당시 4선, 3선 의원들이 많았고 여성가족위원회 등 여성과 재선의원을 배려하는 몫까지 제해야 했다. 나는 3선이었지만 나이가 어렸다. 원래대로라면 나는 위원장직을 맡지 못할 상황이었다.

그러나 전북과 익산의 상황을 생각하면 손 놓고 임기를 끝낼 수는 없었다. 상임위원장 임기는 2년이지만 1년이라도 양보를 받고 싶었다. 다른 자리도 아닌 기재위원장직은 핵심 요직이었다. 국가 예산 확보 등 지역 발전과 직결되는 자리인 만큼 당내에서 가장 경쟁이 치열했다.

나는 호남 유일 3선 의원이었다. 지도부는 어떻게든 배려하고 싶어했지만, 난감한 상황이었다. 그런데 기재위원장으로 내정돼 있었던 정성호 의원이 양해해주었다는 연락이 왔다. 정성호 선배는 사정을 설명하자 "아, 이춘석이라면… 양해하겠다"고 선뜻 수락해 원내지도부도 깜짝 놀랐다는 것이었다. 언론에서는 자리 "나눠 먹기"라고 비판 기사를 썼지만, 이것은 정확한 표현이 아니었다. 원래 정성호 선배의 자리였고, 나에게 노른자 반을 뚝 떼어준 것이었다. 엄밀하게 말한다면 자리 '나눠주기'가 옳았다.

2019년 6월, 나는 전북 의원 최초로 기재위원장이 됐다. 1년간의 절치부심(切齒腐心) 끝에 조세소위에 잠들어 있던 법안을 깨울 때가 드디어 온 것이다.

기재위원장으로서 2019년 세법개정안 토론회 참석해 인사말을 하고 있다.

4. 기재부에 보낸 최후통첩

2019년 11월 28일(목) 기획재정위원회 조세소위원회 현장.

소위원장 다음 안건 보고해 주시지요.

전문위원 55번 국가식품클러스터 입주기업에 대한 법인세 감면 신설하는 이춘석 의원안이 되겠습니다.

소위원장 정부 측 의견 주시지요.

기획재정부 세제실장 현재 나와 있는 법안은 새로운 지역특구 지원제도를 신설하자는 안입니다. 지금 조특법에 있는 지역특구가 워낙 많다 보니까 전국이 지역특구가 되었다는 평가를 받고 있습니다. 그래서 저희가 조금 신중히 검토할 필요가 있다고 생각합니다.

소위원장 위원님들 의견 주시지요.

윤후덕 위원 위원장님께 보고드려요.

유성엽 위원 이것 위원장이 발의한 건데 그래도 조금 적극적으로 처리를 하지, 이 문제를.

☆☆☆ 위원 저는 식품산업 클러스터 육성 발전시킨다는 근본 취지에는 동의하고 만약에 이 입법 선례가 되면 지금 다른 각종 산업클러스터들이 꽤 있는데 그러면 그와 유사한 것들이 계속 들어올 때 아마 비슷하게 해줘야 할 것 같은데 그런 부분에 관한 견해는 어떤지 얘기해 주세요.

기획재정부 세제실장 아까 제가 말씀드린 것이 그런 우려를 감안해서 이런 제도를 신설하는 것은 좀 신중할 필요가 있다고 말씀을 드린 것이고요. 그런데도 이 제도의 지원 필요성이 있다고 하면 저희가 다른 방안이 가능한지 한번 검토해 보겠습니다.

김영진 위원 그런데 규모를 보니까 232만㎡면 대략 한 70만 평 정도 되는 대규모 단지인데 들어온 기업이 70개라고 하면 사실은 그냥 허허벌판에 공장

70개 있는 것입니다, 70만 평이 상당히 넓기 때문에.

특히 이것은 우리 기재위원장이 관심을 많이 갖는 사업이라서 대안을 같이 마련해 주셨으면 좋겠습니다.

◎◎◎ **위원** 특별법에 의해 클러스터로 지정해서 하는 것은 지원할 수 있는데 그럴 때도 적용 기한이 있어야 해요. 영원히 터놓는 게 아니고 한 2년 정도 그렇게 기한을……

소위원장 위원님들 의견을 종합해서 정부 측에서 대안을 한번 준비해 주시고요. 그것을 가지고 한번 논의하시지요.

기획재정부 세제실장 예, 그렇게 하겠습니다.

조세특례법은 보통 한 해 동안 발의된 개정안들을 다 묶어 심사한 후 하나의 대안으로 만들어 12월 초 예산이 통과될 때 다른 예산 관련 법안과 함께 의결하는 것이 상례였다. 그래서 이를 심사할 조세소위가 임박한 11월 28일 열렸다.

소위 회의 내용은 별로 놀랍지 않았다. 소위에 회부되기 전부터 나는 물밑에서 기재부와 협의를 지속해오고 있었다. 의견 차이가 좁혀지지 않아 평행선을 달리던 터였다.

기재부는 이 법의 취지가 신규기업을 유치하는 게 목적인 만큼 이미 입주한 기업까지 혜택을 줄 수 없는 건 물론이고, 새로 입주한 기업도 '창업' 기업으로 국한하겠다는 견해였다.

그러나 국가식품클러스터는 다른 산단과 달리 기업 유치를 위한 세제 혜택이 산단 조성 이후 뒤늦게 도입되는 사정이라 기존기업에 대해선 별도의 배려가 있어야 했다. 초기 조성 단계의 불편함을 감수해 온 기업에 위로는 못 할망정, 역차별을 준다면 정부 정책 신뢰도에도 문제가 생긴다. 또 창업기업만 혜택을 주고 다른 곳에서 이전해 오는 기업을 제외한다면 애초 법안의 목적이 형해화될 것이었다. 혜택을 받는 기업이 극소수

인데 기업 유치에 탄력이 붙을 리 없었다.

　나는 즉시 조세법을 관장하는 기재부 1차관을 소환했다.

　"그냥 하지 맙시다."

　"위원장님, 저희 입장도 좀 생각해 주십시오."

　"기재위원장이 부당한 법도 아니고 형평성을 찾자는 법 하나 통과를 못 시키
는데, 무슨 말을 더하겠습니까?"

　"위원장님, 그러지 마시고……."

　"기재부 마음대로 하세요. 얘기 끝났습니다."

　많은 특구가 혜택을 받은 것은 논리와 취지의 문제만은 아니었다. 지역
특구로 가는 길은 육중한 돌문과 같아서 통과한 지역은 모두 자신들이 마
지막이라고 착각하기 쉬웠다. 그러나 힘 있는 지역은 닫힌 문을 다시 열
었다. 지역특구가 추가될 때마다 이런 반대가 있었을 테고 그 문을 열면
혜택을, 열지 못하면 불이익을 당했다.

　예산이든 법안이든 결국은 힘이 좌우한다는 것을 서로 모르지 않았다.
기재부는 닫으려 하고, 나는 열려 하고. 누구도 질 수 없는 힘겨루기를 하
고 있었다. 그러나 나는 여당 기재위원장이었다.

　나는 바로 일어섰다. 다음날로 예정된 기재위 전체 회의에 법안이 올려
지지 않으면 끝이었다. 문을 세게 닫고 방을 나왔다. 최후통첩이었다.

5. 지역특구라는 육중한 문을 열다

다음날인 2019년 11월 29일(금) 기획재정위원회 조세소위원회 현장.

○○○ **위원** 지난 소위 논의 과정에서 식품클러스터 법인세에 대해서 정부도 반대했고 또 반대하는 위원도 있고 찬성하는 위원도 있는데 지금 보니까 채택이 됐어요. 법인세를 인하해 주는 것으로 정리가 됐어요. 왜 국가식품클러스터 입주기업은 감면이 허용되고 동계올림픽특구는 법인세 감면이 안 되는 거예요? 나는 이 논리가 잘 성립이 안 돼. 한쪽 해주면 이쪽도 해주어야지요. 특구하고 식품클러스터하고 무슨 차이가 있습니까?

기획재정부 세제실장 외국기업에 대해서 법인세 감면은 지난해 저희가 외국인 투자기업에만 적용되는 감면제도를 전부 다 폐지했습니다.

○○○ **위원** 내가 식품클러스터 법인세 감면해 주는 것에 반대하는 것은 아닌데 이거 위원장 것이라고 이렇게 해주고 평위원이 했다고 안 해주고 이러면 되냐고, 이게. 안 그렇습니까?

◇◇◇ **위원** 식품클러스터는 반대의견이 더 많았던 것으로 아는데.

○○○ **위원** 정부에서 적극 반대했지, 적극 반대했지.

□□□ **위원** 반대가 많았지.

유성엽 위원 농업에 대한 지원 효과가 있어야 한다, 그렇게 해서 했던 것 같은데.

○○○ **위원** 그 부분이 납득이 안 됩니다, 소위원장님. 납득이 안 돼요.

소위원장 예, 계속 설명해 드리도록……

기획재정부 제1차관 꼭 위원장 발의 법안 이런 것보다 여러 정책효과를 참작해서 정부가 협의했다는 말씀을 드리고요. 방안을 한번 저희가 계속 고민해 보겠습니다.

　결국 막판까지 버티던 기재부가 극적으로 입장을 바꿨다. 이미 입주한 기업에도 세제 혜택이 제공되는 길이 열리게 된 것이다. 매우 이례적 입법이었다. 이로써 2019년도 이후 준공된 58개의 기업과 앞으로 입주할 기업들이 5년간 세제 혜택을 받는 것은 물론, 이미 입주한 기업 중에서도 아직 소득이 발생하지 않은 21개 기업은 소득 발생 시점을 기준으로 향후 5년간, 이미 소득이 발생하기 시작한 기업도 법안 시행일로부터 잔여기간 동안 법인세 및 소득세 감면 혜택을 누릴 수 있게 됐다.

　기재부가 반대하고 버틴 것도 무리는 아니었다. 파격적인 혜택이었다.

　아니나 다를까 난관을 딛고 긍정적인 신호가 오기 시작했다. 그러나 이미 입주한 기업은 소급 적용할 수 없다는 어두운 소식도 전해졌다. 만약 그렇게 된다면 먼저 입주한 초기 입주기업들이 역차별을 받게 된다. 이런 사실을 잘 알고 있는 이춘석 기획재정위원장이 나서서 역차별 방안을 완강히 차단해 주었다. 결국 기존 입주기업도 적용해 주는 개정안 법안소위를 거쳐 기획재정위원회를 통과했다.

우리는 우여곡절을 겪으며 처리되는 감격을 맛봤다. 입주기업에 큰 선물을 준 셈이다. 거기다가 우대지역 전환도 이미 이루어졌고 땅값도 6.2% 인하되었다. 또 폐수종말처리 비용 50% 경감도 확보해 놓았기 때문에 든든한 투자유치 인센티브가 만들어진 것이다. 식품진흥원 창립 이래 전무후무한 축복이 쏟아지고 있었다.

– 윤태진, 『낙하산 기관장의 공공기관 분투기』 중

6. 분양 완판을 목전에 … 2단계 추진 동력

2019년 41.1%에 불과하던 분양률이, 법안 통과 이후 2020년 49%, 2021년 61.1%, 2022년 71.8%, 2023년 80%로 거의 2배로 뛰었다.

전북도와 익산시는 2025년 100% 분양이 완료될 것으로 예상하면서 2단계 확장을 추진했고, 마침내 2023년 3월, 2단계 사업으로 신규 국가첨단산업단지 후보지로 선정됐다. 나는 의욕적으로 초석을 놓았던 윤태진 전 식품진흥원 이사장과, 이를 토대로 2단계 사업을 추진하고 확장하고 있는 김영재 이사장 모두에게 경의를 표했다.

2013년에 "기금운용본부 전북 이전을 결정한 정치적 우연"이라는 기사가 있었다. 그중 "국회 법사위 간사가 이춘석 의원이 아니었다면"이라는 내용도 있었다.

국민연금법 개정안은 국회 법사위를 앞두고 국정조사를 둘러싼 여 · 야간 대립으로 6월 임시국회 처리가 불투명했다. 국회 상임위를 통과한 법안 등 상당수가 장기간 표류하고 있는 것이 현실이다. 이 의원은 이 때문에 국회 파행과 관계없이 법사위 통과는 무조건 해놓고 보자는 계획으로 새누리당 간사를 설득하면서 법사위를 일정대로 열었다. 법사위 회의가 열리는 26일에는 기금운용본부 심의 순서까지 바꾸는 등 간사의 특권을 최대한 활용했다. 지난 20년 동안 도내출신이 법사위 간사를 맡은 것은 이 의원이 처음이다.

〈2013.7.1, 전북도민일보〉

이 '정치적 우연'이라는 논리로 국가식품클러스터의 세제 혜택 과정을 돌아보면 나도 아찔해질 때가 있다.

만약 윤태진 이사장이 찾아오지 않았다면, 기재위원장에 정성호 선배가 내정되지 않았다면, 그래서 내가 기재위원장이 되지 않았다면……

이 모든 과정을 복기할 수 있었던 것은 온전히 경선 패배 덕분이었다.

혼자 되는 일은 없다. 그것이 제1계율이고, 이루려면 힘과 신의가 있어야 한다. 그것이 제2계율이었다.

국가식품클러스터 2단계 조감도 ⓒ한국식품산업틀러스터진흥원

없는 길은 만들고 굽은 길은 펴다

꽃피는 지옥,
　　소스산업을 지켜내다

농식품부에서 기재부가 거부한 예산안 다발을 들고 왔다.

"소스산업화센터? 이건 뭡니까?"

"소스산업을 정부 차원에서 키우자는 것입니다. 세계시장 1천억 달러, 국내 시장 4조 규모인데 세계시장 성장세가 연평균 5%로 큰 사업입니다."

"이 예산은 제가 반영해 드리겠습니다."

"감사합니다. 그런데 이 사업은 전남이 유력한 사업인데⋯⋯."

나는 쓴웃음을 지었다.

"이 예산을 제가 확보하는 순간 이것은 익산 것입니다."

1. 식품산업의 반도체라 불리는 이유

* HMR
(Home Meal Replacement)
가정식 대체식품의 약자로 일
종의 즉석식품. 일부 조리가
된 상태에서 가공·포장되기
때문에 간단한 조리로 혼자서
도 신선한 음식을 먹을 수 있
다는 장점이 있다.

간장, 고추장, 된장 등 우리의 입맛을 책임져 온 전통 장류와 젓갈 등 발효식품은 10년 전부터 쇠퇴기를 맞고 있었다. 세대가 바뀌면서 기본 장류로 조리를 하는 사람이 점점 줄어갔다. 찌개용, 볶음용, 구이용, 무침용, 비빔용 등으로 분화된 소스를 가정에서 만들기보다 완제품으로 구매하는 세대가 주요 구매층으로 부상했다.

가정식 식품인 HMR*의 폭풍 성장으로 찌개용 소스 하나만 예를 들어도 용도에 따라 부대찌개, 김치찌개, 된장찌개, 생선찌개용 등으로 더 세분됐고 한식만이 아니라 양식, 일식, 중식, 여타 세계음식 등으로 가지를 뻗었다. 식초·케첩 등의 조미식품, 드레싱·마요네즈 등의 드레싱류 등 맞춤형 소스류 시장은 그 끝을 가늠하기 어려울 정도였다. 식품산업의 반도체라고 불리는 이유였다.

하지만 다수의 소스 기업은 규모가 작아 제품 개발이나 마케팅 역량이 부족했다. 실제 6천 668개 소스 기업의 평균 판매액은 4천만 원에서 4억 원 수준으로 매우 열악했고 상위 20개 기업이 매출의 66.6%를 차지했다.

익산에 있는 국가식품클러스터에 유치해야 하는 이유는 바로 소스 시장의 열악한 구조에 있었다. 소스 관련 기업체*는 지역별 전통에 근거해 전국에 산재해 있었다. 특정 지역의 경쟁력 키우기 차원의 문제가 아니었다. 소스산업 전반의 성장 잠재력을 키우려면 국가식품클러스터에서 정부 주도로 동력을 실어야 했다.

* 조미식품 3,697개소, 드레
싱 198개소, 장류 1,985개소,
젓갈 788개소

2. 농식품부가 포기한 예산에 총대를 메다

기능성식품 제형 센터 ©한국
식품산업틀러스터진흥원

익산 국가식품클러스터가 착공된 참이었다. 준공과 함께 '소스산업화
센터'라는 반도체를 장착하려면 갈 길이 바빴다. 이 사업은 농식품부에서
도 전남에 우선권을 주면서 전북은 실링(ceiling, 예산지출한도) 외 사업
으로 분류했다. 의지가 없는 예산이었다. 전북도에서도 입안 등 준비가
충분치 않은 상태였다. 내가 총대를 멨다.

"간사님 때문에 식품클러스터도 100% 예산을 지원하고, 여러 사업도 드리
지 않았습니까? 이건 어렵습니다. 안 됩니다."

기재부의 반대는 놀랄 일이 아니었다. 마스터플랜 용역비 2억, 설계용역비 4억 등 6억 규모였지만 이후에는 건립비용과 고가의 기계·장비 구입비로 커질 것이다. 게다가 매년 인건비와 관리비가 지출될 사업에 호락호락할 리 없었다. 농식품부는 포기 상태였다. 국회 의결을 앞두고 국가예산안이 최종 마무리되는 것을 기재부는 예산명세서 '시트를 닫는다'고 표현한다. 이 예산은 그때 실렸다.

머니투데이의 「the300」은 "2015년 쪽지예산 집중 해부" 기사에서 이를 "알박기형"으로 분류했다. 대표적 사업으로 일반국도건설사업 등 6개 사업을 거론했는데 이중 배수개선사업, 소스산업화센터 마스터플랜, 새만금 수목원 조성 등 3건은 모두 내가 넣은 것이었다.

"첫해 일부 예산이 반영되면 '계속 사업'으로 분류돼 향후 대규모의 예산 반영이 가능해진다. 수백억 원짜리 사업이라도 연구용역비, 설계비 등은 수억 원에 불과한데, 이를 우선 끼워 넣는 것이다. 예비타당성조사를 위한 예산 요청도 같은 맥락이다."

〈2015.7.2, 「탐사리포트」, 2015년 쪽지예산 집중 해부〉

3. 익산을 저울에 올리다

다음 해 5월 용역이 발주돼 한국식품정보원에서 타당성 분석 및 마스터플랜을 수립하기로 했다. 이제 실시설계비를 확보할 차례였는데 이번에도 기재부는 삭감했고 내가 다시 편성했다. 농식품부는 팔짱을 끼고 있었다. 2년 연속 정부 부처 대신 용역비용을 직접 챙겨 넣은 것이다. 예결위 간사에 이어 원내수석부대표가 되었기에 가능한 일이었다.

그런데 농식품부는 용역 결과에 따라 사업추진 여부, 입지 조건 및 운영 방안을 결정하고 사업대상지는 공모를 통해서 하겠다는 뜻을 밝혔다. 그사이 전남은 물론, 전북의 순창과 임실, 그리고 향후 3년간 100억을 투입해 전통발효식품 산업화지원센터 설치 계획을 밝힌 경상북도가 경쟁 도시로 대두됐다.

FTA에 대응해 국내 농어업을 위해 식품산업의 인프라를 국가적으로 키우겠다던 포부는 그저 일회성 행사처럼 해치우는 수준으로는 어렵다. 국가식품클러스터와 같은 거점을 키우지 않고 산발적으로 사업을 전국에 뿌려봐야 우리나라 식품산업은 고만고만한 경쟁력 확보에 그칠 것이었다.

그런데 중앙정부는 식품클러스터를 키우기는커녕 오히려 옆에 있는 지방자치단체를 경쟁자로 만들어 버렸다. 공모사업, 국고보조사업들이 그랬다. 하나로 몰아도 시원찮을 판에, 형평성이라는 허울 좋은 명목 아래 자잘한 사업으로 쪼개 나눠주는 것이다. 그나마도 지방비를 매칭시켜 가난한 지자체를 더욱 서글프게 했다. 다른 부처도 아니고 농산어촌을 기반으로 한 농식품부마저 이 같은 관행을 되풀이하고 있었다. 나는 정부의 단견이 매우 안타깝고 실망스러웠다.

2년 연속 '익산'이라는 꼬리표가 달려 있었기에 자신은 있었지만 씁쓸했다. 농식품부는 손 안 대고 코 푼 예산이라고 할 수 있는데, 또다시 저울에 익산을 올린 것이다. 2016년 총선에서 내가 살아 돌아올 것인지를 보겠다는 뜻이기도 했다.

4. 피로 지켜낸, 반짝이는 성과

2016년은 국민의당이 호남 의석을 석권한 해였다. 호남에서는 탈당을 당연한 것으로 받아들였다. 민주당을 심판해야 한다고, 국민의당이야말로 진정 호남을 위한 정당이라고 말했지만, 나는 믿지 않았다. 민주당을 혁신하는 방법은 녹색 옷으로 갈아입고 '호남 자민련'을 만드는 데 있지 않았다. 나는 남았다. 어제까지 동지였던 이들이 속속 탈당하더니 경쟁자가 되어 돌아왔다. 모두 나의 낙선을 염려했다. 전북, 전남, 광주 28석 가운데 더민주당 후보가 당선된 곳은 고작 3곳이었다. 전북에서는 나와 안호영 의원이, 전남에서는 이개호 의원만이 생환했다.

선거에서 당선된 후 농식품부의 고위 간부들이 의원실을 찾았다. 나는 농림축산식품해양수산 위원장으로 거명되고 있었다. 민주당에서는 위원장을 맡을 이가 없었다. 대표적 농도인 호남의 패배로 3선은 내가 유일했다. 당선 축하와 함께 소스산업화센터*는 공모 없이 익산으로 결정하겠다는 방침을 전했다. 담당 국장과 과장이 그냥 사유서 쓰고 말겠다는 것이다. 또다시 쓴웃음이 나왔다. 나의 2년에 걸친 예산 투입 덕인지, 아니면 위원장 내정설 덕인지는 묻지 않았다. 내가 살아 돌아오지 못했다면 소스산업화센터는 다른 지역의 차지가 됐으리라는 것만은 분명했다.

오랜 동지였던 이들을 상대로 사생결단의 전쟁을 치르고 돌아온 참이었다. 2016년 4월은 꽃피는 지옥이었다.

오규원 시인의 시처럼 "지옥이라고 해서 필 꽃이 안 피고, 반짝일 게 안 반짝이든가".

소스산업화센터가 국가식품클러스터에 활짝 피었다.

사연이야 어쨌든 눈이 부셨다.

피로 지켜낸, 실로 반짝이는 성과였다.

* 소스산업화센터는 국내 최초 소스전문 지원기관으로 소스 검사·분석부터 시제품 생산까지 지원하고 있다. 세계 소스류 시장 규모는 2020년 약 922억 달러로 2016년 767억 달러 대비 20.2% 성장했으며, 이후에도 지속 확대돼 2025년에는 약 1천 124억 달러까지 성장할 것으로 전망되고 있다.

기능성식품 제형센터 176억

　기능성식품 제형센터는 기능성식품의 성공적 사업화에 필수요소로 꼽히는 제형(형태) 기술을 지원하는 곳이다.

　식품의 섭취 목적·용도에 맞게 액상이나 젤리, 정제, 연질캡슐 등의 형태로 만들고 제형에 맞는 △PET음료 △액상스틱 △스파우트파우치 △사면형 상파우치 등 포장재까지 생산해 제조, 포장, 후처리까지 완벽 지원한다. 5G 특화망을 활용한 디지털 플랫폼을 도입해 인공지능(AI) 물류 이송 로봇팔·무인물류시스템 등 원격 제어가 가능한 스마트공장 시스템을 구축했다.

　2018년 정부예산에 반영되지 않아 빨간불이 켜졌으나 국회 심의단계에서 이를 살려내 신규로 설계비를 확보하는 데 성공하고 순차적으로 예산을 반영해 2023년 문을 열었다.

ⓒ한국식품산업틀러스터진흥원

없는 길은 만들고 굽은 길은 펴다

농생명산업 수도로 만들
농업기술실용화재단*

* 2022년 '한국농업기술진흥원'으로 이름을 바꾸고 농산업 진흥 업무를 강화했다.
이 글에서는 유치 당시의 명칭 '농업기술실용화재단'으로 쓴다.

이리농림은 수원농림, 진주농림과 함께 조선의 3대 명문이었고, 조선 최고의 수재들이 들어오는 학교였다. 훗날 쿠데타를 일으켜 대통령이 된 박정희도 이리농림을 지원했다가 탈락했다. 졸업생들은 특히 농업기술 선진화에 기여해 근대농업의 한 획을 그었다는 평가를 받았다.

나는 과거 이리농림이 그러했듯 농업기술실용화재단 역시 익산이 실용화 기술의 시범도시가 되고 농생명산업의 수도가 되는 데 큰 힘이 될 것이라고 보았다. 그 어떤 기관보다 사업과 예산에 공을 들인 것은 물론이다.

1. 조선 최고의 수재들이 몰려들다

1922년 한국 근대농업의 한 획을 그은 이리농림학교가 드디어 개교한다. 10여 년 앞선 1910년 전주와 군산에 공립농업학교가 문을 열었으나 이 학교들은 2년제(이후 3년제)의 실업학교였다. 이리농림은 유일한 관립학교이자 5년제 전문학교로, 조선학생과 일본학생 반반으로 구성된 이른바 '내선공학(內鮮共學)' 농업학교였다. … 중략 …

이리농림은 수원농림, 진주농림과 함께 조선의 3대 명문이었고, 조선 최고의 수재들이 들어오는 학교였다. 훗날 쿠데타를 일으켜 대통령이 된 박정희도 이리농림을 지원했다가 탈락했다. 이리농림은 근현대사에 굵직한 자취를 남긴 인재들을 끊임없이 배출했다. 전북대 초대 총장을 지낸 고형곤 박사(1927년 졸업), 전북대 최장수 총장을 역임한 심종섭 전 대한민국학술원장(1937년 졸업)을 비롯하여 1950년 졸업생인 조철권 도지사, 미원그룹을 세운 임대홍 회장(1940년 졸업), 세계적인 식품기업으로 성장한 하림의 김홍국 회장(1978년 졸업) 등이 있다. 이리농림은 해방 이후 전북대학교의 모체가 되었다.

－ 익산근대역사관 도록, 『이리·익산의 근대, 호남의 관문을 열다』 중

이리농림은 일본인 대지주들의 청원으로 건립됐다. 조선총독부는 관립 농림학교를 설치하면서 경성, 대구, 대전, 이리를 대상지로 검토했는데, 다른 도시를 제치고 이리가 선정됐다는 것은 일제강점기부터 한국 근대 농업의 심장과도 같은 지역이라는 것을 말해준다. 1912년 3월 역무를 시작한 이리역의 존재도 무시할 수 없었다.

이리농림학교 졸업생들은 농업 관련기관을 비롯해, 학계·정계·재계

전라북도익산교육지원청 주최, 익산민예총 주관으로 이루어졌던 익산교육 100년 사진전의 포스터.
1942년 증기기관차 앞에서 찍은 이리농림학교 학생들의 모습을 담았다.

등 다양한 분야에서 큰 업적을 남겼는데, 특히 농업기술 선진화에 기여해 근대농업의 한 획을 그었다는 평가를 받았다.

입학난은 도저히 불가피의 일이라더라

이리농림교에 1,000여 명 지원
100명 모집에 10배 이상

전북이리농림학교는 본시 관립으로 농림 양과를 별설한 것이 수원고농을 제한 외에는 조선의 효시오. 그 시설의 굉대함(어마어마하게 큼)이 유일한 터로 3년 전에 도 이관으로 되엇스나 입학지원자는 조선 각도를 통하야 응모함으로 그 출신의 각도 활약이 상당함은 세인의 공인하는 바며 금년 졸업생 중에도 도외생이 반수 이상을 점하얏다 한다.

딸하서 연연이 각도로부터 입학지원자가 물밀듯 하는 터인데 금춘 지원기도 거오일로써 만기되엇는바. 양과 함께 100명 모집하는데 10배 이상을 초과하는 1,071명 경이할 숫자를 시하얏스나 작년 1,141명에 비하면 70명이 감한 현상이라 할지라도 경쟁시험은 매우 격렬하야 입학난은 도저히 불가피의 일이라더라.

〈1929.3.13, 동아일보〉

이리농림 수의축산과 특별교실

2. 박사급 인재를 한꺼번에 품다

내가 공들인 사업 중에 정말 기쁜 마음으로 살뜰히 챙긴 것이 있다면 그것은 지금은 한국농업기술진흥원으로 명칭이 바뀐 농업기술실용화재단의 이전이었다.

농업기술실용화재단은 최신 과학을 농업에 접목해 이를 사업화하고 기업에 이전하는, 국내 최고의 농업기술 연구기관이었다. 이 기관을 유치해 생기는 일반적인 고용 유발효과나 생산 유발효과도 중요했지만, 특히 나는 연구원 이상의 직원이 200명이 넘는다는 점에 주목했다. 인재들이 수도권으로 몰린다는 것도 이제는 옛말, 서울 중에서도 강남·양재·판교 중심으로 재편되고 있는 이때, 익산이 박사급 인재를 한꺼번에 품을 큰 기회였다. 과거 이리농림처럼 익산이 실용화 기술의 시범도시가 되고 농

최신 과학을 농업에 접목해 이를 사업화하는, 국내 최고 의 농업기술 연구진 ⓒ한국농업기술진흥원

생명산업의 수도가 되어 새 역사를 쓸 토대가 될 것이었다.

　선진 농업국 정책의 핵심은 민간과 정부, 연구집단의 협력을 통한 혁신이었다. 정부는 공공성을 우선으로 생각하고, 민간은 시장성을 가장 중요하게 보았다. 또 연구집단은 순수 학문연구 결과만을 추구했다. 우리나라는 이 셋의 벽이 너무나 강고했다. 이 벽을 무너뜨리기 위해서는 다른 방법이 필요했다. 농업기술실용화재단이 전가의 보도는 아니지만 정부의 공공성과 민간의 사회적 책임, 그리고 연구집단의 전문지식까지 교류와 협력을 끌어낼 수 있는 현실 가능한 대안이었다. 태생 자체가 순수 학문연구도, 부처의 산하기관이되 정부도 아니었다. 민간과 기업에 대한 기술 이전이 기관의 가장 중요한 기능이라는 점은 특히 국가식품클러스터를 품고 있는 익산과 잘 맞았다.

　또 한 가지, 내가 주목한 것은 농업기술실용화재단이 가지고 있는 가능성과 확장성이었다.

　실제 2022년에는 '한국농업기술진흥원'으로 이름을 바꾸고 기후 위기 대응, 디지털·스마트 농업기술 연구개발과 농업기업 지원 등 농산업 진흥 업무를 더욱 강화했다. 익산의 국가식품클러스터라는 큰 산업 배경을 두고 새만금의 항만·공항·농생명용지, 혁신도시의 R&D, 김제의 육종, 정읍의 미생물산업을 연결한 농생명밸리에 새로운 엔진이 장착되는 셈이었다. 이리농림이 문을 열었던 1922년 이후 꼭 100년만의 일이었다.

3. 이전 비용만 1천억이 넘는 기관

농업기술실용화재단은 원래 지방 이전 대상 기관이 아니었다. 농업기술실용화재단은 농촌진흥청 소속이었지만 2008년 농촌진흥청 이전 승인 이후인 2009년 설립됐기 때문이다.

그런데 재단은 농촌진흥청 청사를 무료로 임차하여 사용하고 있었다. 농촌진흥청은 2014년 전북 혁신도시로 이전을 앞두고 있었기 때문에 건물과 부지를 매각했다. 따라서 재단 역시 어디론가 옮겨가야 할 처지였다.

수원에 남으려면 새로운 부지를 구매 또는 임대해야 했는데 재단에 그런 큰돈이 있을 리 없었다. 농진청이 재단의 거취를 놓고 실시한 연구용역 결과보고서에도 "수원 잔류보다 지방 이전 시 523억 원을 경감할 수 있다"고 명시돼 있었다.

이전 부지로는 농친청과의 연계에서 우위에 있는 혁신도시, 민간육종단지가 있는 김제, 종자생명연구단지가 들어설 새만금 등이 거론됐지만 익산에는 마침 국립식량과학원의 벼맥류부 부지가 있었다. 약 14만 평에 건물도 6개 동이 있어 리모델링하면 비용을 줄일 수 있다는 이점이 있었다. 경제성과 함께 국가식품클러스터와의 연계성, 이주 직원의 생활 편의성까지 고려했을 때 익산이 최적이었다.

그렇다고 해도 농업기술실용화재단의 지방 이전 비용은 추산 1천억에 달했다. 전북이 그간 공공기관을 유치하면서 지원한 사례는 군산 플라즈마기술연구센터에 부지와 함께 건축비 134억, 조선해양기자재연구원 호남본부 건축비 80억과 3년간 매년 2억 정도의 운영비 정도였다. 재단 이전 비용은 전북이 떠안을 수준이 아니었다. 공공기관 이전 정책 대상이 아니었기 때문에 특별법에 따른 지원도 받을 수 없었다. 따라서 관건은 별도의 국가 예산을 얼마나 많이, 빨리 확보할 수 있느냐였다.

4. 그 어느 기관보다 극심했던 반대

극심했던 내외부의 반대도 넘어야 했다.

2013년 말, 수원시의회는 농업기술실용화재단 이전의 백지화를 촉구하는 결의안을 채택했다. "수원에 있는 공공기관 10개가 지방으로 이전했거나 이전 중이라 이로 인해 일자리가 줄어들고 골목 상권이 무너지는 등 지역경제가 심각한 타격을 받고 있다"고 밝혔다. 이전 대상 기관이 아니었기에 수원 시민의 상실감과 분노는 더 컸다.

더욱 안타까운 것은 재단 직원들의 '이유 있는 반대'였다. 직원 대다수는 농촌진흥청 공무원으로 근무하다 '지방 이전은 하지 않는다'는 조건으로 이직한 터였다. 명예퇴직금도 없고 공무원 신분도 박탈되는 조건이었지만 수원 잔류가 꼭 필요했기에 선택한 결과였다. 이후 채용된 재단의 석·박사들 역시 지방으로 이전되지 않는다는 조건을 전제로 입사했다. 육아, 자녀교육, 문화, 주거, 맞벌이 등의 이유 중 단 한 가지도 가벼운 문제는 없었다. 나 역시 일터와 주거가 가정생활과 인생을 좌우하는 큰 문제라는 점을 잘 알고 있었고 깊이 공감했다.

2014년 2월, 농업기술실용화재단은 지방 이전 대상 기관으로 지정되어 익산시로 이전이 확정됐다. 재단 직원 처지에서는 야속하겠지만 퇴로는 없었다. 재단이 있던 농진청의 청사와 부지는 한국농어촌공사에 이미 팔려 2014년 9월 말까지 비워줘야 할 신세였다.

5. 익산 시대를 위한 새로운 100년의 터전

2014년 당시 총 151개 이전 대상 기관 중 지난달 말 기준 50개 기관만이 이전을 마친 상태였다. 지방 이전은 종전부동산 매각을 통한 자체 조달이 원칙이었다.

한국자산관리공사(캠코)에 따르면 이전 시기가 임박한 공공기관의 청사와 부지 대부분이 유찰됐다. 국토연구원과 한국해양과학기술원은 무려 7번, 13번의 유찰 끝에 감정가격을 내렸지만 끝내 주인을 찾지 못하고 있었다. 그렇다고 무작정 가격을 내릴 수도 없었다. 공공의 재산을 민간 투자자에게 헐값으로 넘기면 특혜가 되고 신청사를 지을 건축 비용조차 건지지 못할 위험이 있었다.

의원실에는 다양한 사정과 저마다의 사연을 가진 공공기관들이 연일 문턱을 넘었다. 이들 기관을 소관으로 둔 정부 중앙부처들도 마찬가지였다. 농촌진흥청도 그중 하나였다. 농업기술실용화재단의 예산을 들고 왔다.

농업기술실용화재단의 이전 비용은 총 847억 원이었다. 국립식량과학원 벼맥류부 부지와 시설의 무상 사용을 허가받아 예산이 크게 가벼워졌을 것으로 보았지만 착오였다. 최소 600억 이상을 절감하고도 847억이 추가로 필요했다.

재단은 농약, 비료, 농식품, 사료, 유기농자재 등 농업 분야 국내 유일의 종합분석기관이었다. 따라서 건축법이나 안전 환경 조성에 관한 법률에 따라 새로 지어야 할 건물이 더 많았다. 일례로 그저 사무용이라면 층고가 3.5m로 충분했지만, 분석시설은 4.5~5m가 돼야 했다. 본관 사무동을 제외한 특수시설인 분석시험센터, 농기계검정시설, 종자사업시설은 모두 신축 대상이었다. 한숨이 나왔다.

당장 2015년에 필요한 예산은 설계비 및 리모델링비 65억 7천여만 원이었는데 정부 예산안에는 절반에도 미치지 못하는 32억만이 담겨 있었다. 뒤늦은 이전 결정으로 재단은 이사도 두 번 해야 했다. 원래 있던 부지가 이미 팔려 익산에 새 청사를 마련할 때까지 농진청 잔류부지에 잠시 의탁해야 했는데 이 비용도 만만치 않았다. 정부예산마저 야박하니 재단 직원들의 몸 고생 마음고생이 오죽했으랴.

내가 할 수 있는 일은 신속하게 예산 문제를 해결해 불확실성으로 인한 혼란을 잠재우는 것뿐이었다. 재단의 이전이 확정된 2014년, 내가 예결위 간사가 된 것은 천우신조(天佑神助)였다. 나는 2015년도 이전예산 65억과 운영비 242억을 한 푼의 삭감도 없이 전액 반영했다. 기재부의 반대와 다른 기관과의 형평성 문제가 대두됐지만 열심히 싸웠고, 결국 승전보를 보낼 수 있었다.

첫 예산이 어렵지 남은 공사비를 공정에 따라 연차별로 심는 일은, 땅

짚고 헤엄치기인 법이었다. 기관 이전이 결정되기까지의 진통은 심했지만, 결정 이후 예산지원은 더없이 순조로웠다. 수원 시대를 마감하고 익산 시대를 열어갈 재단에 보내는, 나의 작은 응원이었다.

농업기술실용화재단은 2016년 8월 종자사업본부 이전을 시작으로 2017년 7월 기획운영본부, 기술사업본부, 창업성장본부가 차례로 이전했다. 이어 2018년 6월 성능시험장, 주행시험장 등 특수시설 신축이 필요한 분석검정본부까지 총 5개 본부의 이전을 모두 마무리하고 마침내 2018년 8월 1일 신청사의 문을 열었다.

사업영역이나 규모, 예산 등도 과거와는 비교할 수 없을 정도로 확대됐다. 익산에서 제2의 도약을 위한 모든 준비를 마친 것이다. 류갑희 이사장은 이를 "새로운 백년의 터전"이라 칭했고 나는 "익산 농생명 산업의 새 역사"라고 표했다.

없는 길은 만들고 굽은 길은 펴다

마한의 호수,
호남(湖南)의 발원지
황등호를 되살리다

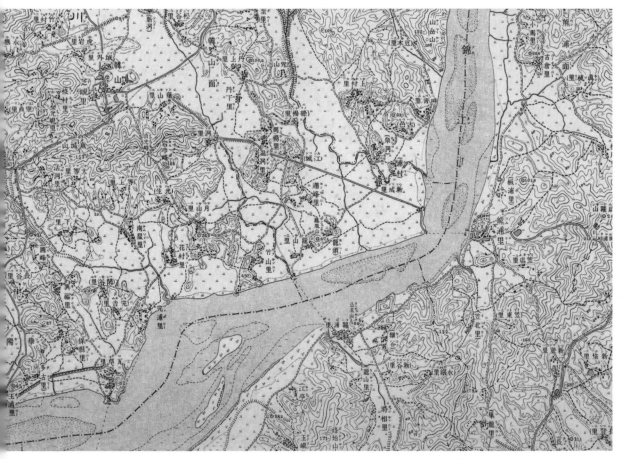

1925년 황등호(요교호)가 표시된 익산군 지도

"농식품부 검토순위 80위라면 익산 차례는 언제쯤 온다는 겁니까?"

"음…… 간단히 말씀드리면 의원님 살아생전에는 안 된다는 얘깁니다."

실소가 나왔다.

농식품부는 익산시가 하천기본계획 수립을 안 해서 어렵다고 하고, 익산시는 익산국토관리청이 하천기본계획 용역을 줬는데 결과 나오는 것이 요원하다고 하고, 전라북도는 익산과 군산 경계라 서로 미룬다고 했다.

상황이 이 정도라면 이것은 한마디로 '안 되는 사업'이었다.

1. '절박'한 이유와 '절실'한 이유

　해야만 하는 사업이 있고, 하고 싶은 사업이 있다. 황등 배수 개선사업은 내가 꼭 하고 싶은 사업이었다.

　황등면 황등리·용연리, 신기리, 임상동, 신동, 어양동 등 탑천과 기양천 합류지점 주변 농경지는 한 해 몇 번씩이나 물에 잠겼다. 하루 60mm 이상 비가 오면 어김이 없었다. 나는 문제를 근본적으로 해결해야 했다. 황등지구 상습 침수지역은 628ha에 달했다.

　이것이 절박한 이유라면 또 다른, 절실한 이유가 있었다. 그즈음 호남(湖南)의 유래에 관한 이야기를 들을 기회가 있었다. 실학의 선구자인 반계 유형원 선생이 적은 『반계수록』의 기록이었다.

　"김제의 벽골제와 고부(현 정읍)의 눌제, 그리고 익산과 전주 사이에 있는 황등제는 나라 안에서 가장 큰 제언(堤堰)으로서, 이들은 나라 한쪽에 큰 이익을 주는 제언이므로 국력을 크게 기울여 축조한 것이다.

　이 세 곳의 제언을 축조해 놓으면 노령정맥 이북의 땅은 영원히 흉년이 없게 되는 것이며 호남지방의 만물은 가히 고목이 소생하는 것과 같은 일이다. 또 노령 이북의 땅이 영원히 흉년이 없게 되면 바로 온 나라 만세에 큰 이익이 되는 것이니 이 나라 조세의 대부분이 호남에서 나오기 때문이다."

　이 문헌에서 나오는 전라도의 삼호(三湖)는 모두 전북에 있었다. 그리고 익산의 황등제는 충청도와 전라도의 경계를 이루는 지역이고 한양에서 볼 때 삼호(三湖) 중 가장 먼저 만나는 호남의 관문이었다. 지역적으로

황등지구 상습 침수지역은
628ha에 달한다. 수해현장을
돌아보며 대책을 논의했다.

익산 황등제 이남(益南)이 바로 호남(湖南)이라는 이야기였다.

　참으로 오랜만에 가슴이 뛰었다. 황등제의 존재를 알게 된 것만으로도
나는, 고대 익산의 대역사를 향후 우리의 큰 가치로 키울 생각으로 설레
었다. 호남 1번지의 위상을 세울 기회였다.

2. 검토순위 80위에서 시행순위 1순위로

나는 이 사업을 추진하기 위해 국회 예산정책처, 농식품부, 국토부, 전북도, 익산시에서 정보를 모으고 사업 가능성을 타진했다. 2013년이었다.

주민들은 하천 준설 등의 정비사업만으로는 침수 피해를 근본적으로 방지할 수 없다는 의견이었다. 또 침수지역이 저지대인 만큼 농어촌공사에서 추진 중인 펌프장 설치 공사로는 효과가 없을 것이라고 말했다. 근본적인 대책을 세우려면 국토교통부의 탑천 재정비가 필요했지만 1천200억이라는 막대한 재원 조달이 가능할 리 없었다.

그래서 배수 개선사업으로 검토해 봤는데 농림축산부는 하천기본계획에 의한 재정비가 선행되지 않으면 국비 지원은 안 된다고 했다. 시행순위도 아니고 전국 검토순위 80위였다. 해법은 요원한 듯 보였다.

그런데 다음 해인 2014년 예결위 간사로 선임되자 농식품부에서 책 한권 분량의 예산건의안을 들고 왔다. 당시는 박근혜 정부가 쌀 시장 개방을 서둘러 선언하는 통에 농민들이 논을 갈아엎는 상황이었다. 농민 피해

황등제 제내지 전경

배수로 개선사업 동상

가 불 보듯 훤한데도 정부예산안에는 관련 예산이 턱없이 부족했다. 익산 역시 도농복합시였고 걱정이 컸던 만큼 국회에서 예산을 담을 계획이었다. 나는 기꺼운 마음으로 농식품부 사업을 힘껏 도왔다.

부처에서 예산지원을 요청할 때는 간사의 지역구 현안을 미리 파악해 해법도 함께 가져오는 것이 상례였다.

즉시 차관이 현장에 내려가 익산시의 의견을 청취한 후 황등 배수 개선 사업을 순식간에 검토순위 80위에서 시행순위 1순위로 올려왔다.

2015년 3월, 전체 628ha 중 우선 300ha가 기본조사 지구로 선정됐다. 다음 해 나머지 328ha를 지구 선정해 2017년까지 기본계획을 수립하고 2018년 사업에 본격 착수하기로 했다.

배수 개선사업은 배수 본천이 정비된 지역을 대상으로 선정하기 때문에 그사이 탑천 15.2km에 대한 하천 정비는 전북도 책임하에 끝낸다는 계획이었다. 사업 시행은 한국농어촌공사 익산지사가 맡았다. 총사업비 370억은 전액 국비로 투입될 계획이었다. 악전고투를 해야 하는 다른 사업과는 달리 놀라울 만큼 순탄하게 진행됐다. 이제 이 사업을 시작했던 절박한 이유, 치수(治水) 문제가 해결됐다.

3. 호남의 발원과 미륵사지를 연결하는 문화 자산

남은 문제는 이 사업을 시작했던 절실한 이유, 즉 황등호의 복원이었다. 호수 역할을 할 유수지 조성과 관련해 이견이 생겼다.

농식품부는 유수지 조성이 배수 개선사업에 객관적으로 필요하지 않다면 국비 지원은 불가능하다고 밝혔다. 유수지 없이도 배수에는 문제가 없다는 것이었다. 한국농어촌공사도 배수 개선사업에 대규모 유수지를 포함한 사례는 없다고 난색을 보였다.

나는 유수지 조성이 꼭 필요했다. 황등호는 호남과 호서를 구분하는 기준이자 대한민국의 12번째 세계유산인 미륵사지를 연결하는 문화 자산이었다.

* 2021.3.25, 주간조선, 조용헌 강호동양학자, "양지바른 땅 두고 굳이 늪지대에 절 지은 까닭" 중

조용헌 건국대 석좌교수에 따르면* 황등제(黃登堤)는 둘레 80리의 커다란 저수지로 그 규모가 미륵사지 바로 옆까지 이를 정도였다. 금강에서 짧은 거리의 육지를 통과하면 황등제가 나타나는데 이 짧은 거리 이름이 '왕너머'로, 임금을 모시던 이들이 배를 어깨에 메고 통과했던 것이 지명으로 남았다고 했다. 다시 황등제에서 배를 띄우면 미륵사 정문 앞까지 바로 갈 수 있었다. 부여에서 배를 타고 금강으로 내려와 웅포나 성당포를 통해 황등제로 들어가는 루트다.

황등면에 남아있는 도선(배 나들이)마을, 뱃길마을, 어곳마을, 섬말(섬마을), 샛터 등 수로 관련 지명이 이를 뒷받침한다.

조용헌 교수는 백제 무왕이 도읍을 익산으로 옮기고 미륵사를 세운 것 역시 황등호와 직접적인 관련이 있다고 말한다. 큰 규모의 저수지로 인해 이 일대는 비옥한 생산지였다. 따라서 노령산맥 이남의 최대 곡창지대를 부여보다 가까운 익산 왕궁에서 직접 관할하고자 하는 의도였을 것이다.

그는 또 부여와 익산을 잇는 최단 거리의 물길 확보가 미륵사 창건의 배경이었을 것으로 추정한다. 이 역시 당시 황등호가 미륵사 앞까지 닿아 있었다는 전제에서 비롯한다. 황등제는 식량과 물류를 이어주는 호수였다.

2016년 11월 16일. 또 한 번의 현장 방문이 이뤄졌다.

농식품부 식량정책관 등 2명과 전북도 농업정책과장, 익산시장, 농어촌공사 전북지역본부장, 익산지사장이 모였다.

기본조사 결과, 배수장 가동을 위한 유수지 규모는 0.1ha 정도였다. 그러나 황등호 복원과 연계되도록 최대 규모로 다시 계획을 잡기로 했다. 3ha까지 할 수 있다는 보고서가 제출됐지만 줄다리기 끝에 유수지는 5ha(5만㎡)로 확대됐다. 드디어 잊혔던 황등호 복원 기반이 마련됐다.

황등제의 쌀 생산량은 10,212톤으로 추정될 만큼 그 규모가 엄청났다. 왜 무왕이 익산으로 천도했는지 그 이유를 짐작케 한다.
2011. 11. 10. 세계유산등재추진 국제학술회의에 참석했다.

4. 한반도에서 가장 오래된 수리시설

　발굴조사는 옛 도로 부지에 남아있던 황등제 제방 부지에 대한 시굴 조사에서 확인된 유구를 중심으로 한 397㎡의 면적에 대해서 이루어졌다. 제방은 물이 침투하기 어려운 점토인 흙덩이를 교차로 쌓았다. 그리고 흙덩이 사이사이에 풀과 나뭇잎을 깔았는데 이러한 축조공법은 김제 벽골제 제방에서도 확인된다.

　수습된 목재와 풀 등 자연유물에 대한 자연과학적 연대측정을 한 결과 기원전 4~3세기경으로 측정되었다. 지금까지 서기 330년에 축조된 것으로 알려진 김제 벽골제가 한반도 최고의 수리 제방으로 알려져 왔었는데, 익산 황등제의 제방이 벽골제의 제방보다 무려 600~700여 년이나 더 오래전에 축조된 것으로 밝혀졌다.

〈2021.6.8, 최완규 교수의 마한 이야기, 전북일보〉

　최완규 전북문화재연구원 이사장은 이러한 결과에 가슴 떨림을 멈추고 연대측정 결과에 대한 객관성을 담보하기 위해 국내·외의 전문적인 기관 3곳에 의뢰했다. 측정 결과 3곳 모두 위와 같은, 동일한 연대가 추출됐다. 객관적인 신뢰성이 확보됐다. 익산 황등제가 한국에서 가장 오래된 수리시설인 것이 과학적으로 입증된 순간이었다. 2천 년이 넘도록 제방이 남아있다는 것이 경이로웠다.

*JTV 창사특집 다큐 2부작 「위대한 이야기 황등제-마한의 서막」 2022. 10. 17

　JTV는 이러한 내용을 창사특집 다큐*에 담기 위해 일본 오사카 인근 '사야마' 라는 도시를 찾았다. 일본에서 가장 오래된 저수지 사야마이케를 재조명하기 위한 것이었다. 사야마이케는 616년에 축조된 것으로 알려졌다. 사야마이케가 아직도 제구실하는 이유는 부엽공법 덕분이다. 부엽공법은 흙 속에 나뭇가지와 낙엽을 넣어 제방을 튼튼하게 하는 토목기술이다.

사야마이케의 박물관장은 이 부엽공법이 저수지 내부의 엄청난 수압을 이겨낸 비결이라고 밝혔다. 부엽공법은 한반도 백제에서 발달했는데, 처음부터 완성형 기술로 들어왔다는 설명도 함께였다. 박물관장은 황등제의 조사 결과를 보고 정말 놀랐다는 소감을 밝히며 황등제에서 벽골제, 사야마이케로 토목기술 계보가 이어진 것이라며 감탄했다. 수천 년의 세월을 이겨낸 SOC 기술이 바로 익산 심장부에 있었다.

JTV 다큐팀은 한 걸음 더, 황등제의 농업생산량을 추정하는 데까지 나아갔다.

그 열쇠는 영천의 청제비에서 시작됐다. 영천 청제비는 신라 법흥왕 23년(536년)에 세워졌고, 청제 중립비는 신라 원성왕 14년에 다시 세워졌다. 이 귀한 비석에는 "청제의 300여 석을 생산하는 논에 관개를 한다"는 기록이 남겨져 있었다.

이홍종 고려대 문화유산융합학부 교수는 수천 년 전의 땅과 현재의 지도를 겹쳐 고지형을 분석하는 방식으로 익산 황등제의 면적과 농업생산량을 추정했다. 영천 청제의 규모와 쌀 생산량을 비례적으로 환산해 보기로 했다.

이를 근거로 농업생산량 추정했더니 영천의 청제는 22톤, 제천 의림지 142톤, 벽골제 427톤이었다. 익산 황등제 면적은 최소 8만㎡, 최대 37만 ㎡로 추정됐다. 이를 토대로 추정하니 황등제의 쌀 생산량은 10,212톤이었다. 사료가 아닌 비례적 환산이기는 하나 실로 엄청난 양이었다.

왜 익산을 중심으로 마한이 융성했는지, 왜 무왕이 결전을 앞두고 익산으로 천도했는지 모든 의문이 해소되는 순간이었다. 그 한가운데에 황등제가 있었다.

5. 현대의 SOC도 해내지 못한 위대한 사업

　물의 다스림이 곧 권력이고 하늘이었던 시대, 황등제는 힘 그 자체이자 중심이었다. 세월이 흘러 마한에서 백제로 시대가 넘어갔다 한들 그 진리는 바뀌지 않았다.

　작아지는 백제를 되살리기 위해 무왕이 익산 천도를 결정한 배후에는 황등제 아래 오곡백과가 풍성한 광활한 옥토가 있었다. 이는 백성들의 끼니가 되고 전시에는 군량미가 되었을 것이다.

　사비에서 익산으로 무왕이 몸을 실었을 때, 황등호는 그의 체중만큼 몸을 낮추며 미륵사지에 그를 인도했을 것이며, 세월이 흘러 예전 같지 않은 그의 몸을 만났을 때는 힘 있게 받쳐주며 노쇠함을 말없이 위로했을 것이다.

황등지구 배수개선사업 기공식. 2019. 5. 24

황등호는 백제의 융성을 위해 고층 아파트에 버금가는 석탑과 목탑으로 호국을 염원했던 왕족과, 이에 동원되며 잇따른 전장에서 무수히 가족을 떠나보냈던 백성 모두를 말없이 위무하며 먹여 살렸다. 최첨단 기술이 집약된 현대의 SOC도 이렇게 위대한 일을 해내진 못했을 것이다.

　분명한 것은 치수가 안 돼 번번이 농사를 망쳤던 익산 농민들의 '절박'한 민원과 황등호의 역사적 복원이라는 '절실'한 소망이 결국 하나였다는 깨달음이다. 검토순위 80위라는 불가능한 사업을 해결했던 단초가 쌀 개방을 앞둔 농민 피해 대책이라는 점도 공교롭다. 예나 지금이나 결국 '물'이고 '밥'인 것인가……. 다른 사업과 달리 순조로웠지만 어느 때보다 울림이 컸던 사업의 모든 것이, 황등호의 의지이고 큰 역사인 것만 같았다.

IV-1

익산을 위한 세 개의 기둥

메마른 땅에 물 대기
　　　　　소멸도시 현주소

2019년 10월 17일. 기재위원장 시절, 전북에서 기재위 지방 국정감사를 열었다. GM과 군산 현대조선소 문제로
고용 위기를 겪고 있는 군산과 익산의 어려운 경제 현장을 점검하고, 정부의 책임 있는 대책 수립을 주문했다.

나의 의정활동은 통폐합되거나 폐지될 기관을 존치시키는 과정이기도 했다.

나는 줄어드는 인구와 메말라가는 도의 현실과 싸워왔다.

패배는 단지 결과가 아니라 원인이 되기도 한다. 지면 질수록 또 지게 되는 이치
였다. 적어도 이 고리는 끊어야 한다고 생각했다.

떠난다고 할 때는 여론이 들끓었지만 남겼다는 결과 보고에는 침묵했다.

존치는 당연한 일이었으니 다행이라는 말조차 아꼈다.

전북에 허락된 마지막 자존심이었다.

1. 정권이 바뀌어도 멈추지 않는 이촌향도

나는 1963년 베이비붐 세대다. 내가 초등학교에 들어갈 무렵, 전북 인구는 정점을 찍었다. 당시 어머니들은 평균 여섯 명의 아이를 낳았다.

늘어나는 인구로 1981년까지 강력한 산아제한 정책을 펼칠 정도였지만 전북 인구는 가파른 내리막길을 걸었다. 농촌의 인구는 도시로, 또다시 대도시로 이동했다. 급속한 산업화 속에서 농촌은 그저 저임금으로 먹을 수 있는, 값싼 쌀을 대는 도시의 부속품으로 전락했다. "너만은 도시로 가라"며 눈물로 자식의 등을 떠밀었을 때다. 250만 명에 육박했던 전북 인구는 이제 180만 명에도 미치지 못한다.

1980년대 군부독재 시절, 민주 정부만 수립되면 모든 일이 해결될 것이라고 믿었다. 1987년 대통령 직선제 시행 10년 만에 김대중 대통령이 1997년 12월 대선에서 승리했고, 1995년부터는 지방자치제가 본격 시행됐다.

정권 재창출에 성공한 노무현 정부는 본격적으로 균형발전 정책을 펼쳤다. 행정수도 이전 공약과 함께, 공공기관을 지방으로 이전해 10개의 혁신도시를 건설하는 정책을 추진했다. 그러나 뒤이은 MB 정부는 행정수도 수정 발언 등으로 지방의 분노를 샀고, 공공기관들이 정권의 눈치를 보며 이전을 미루면서 혁신도시 건설은 헛바퀴 신세를 면치 못했다.

게다가 전라북도 몫인 한국토지공사와 경남 몫인 대한주택공사를 통합, 덩치가 커진 한국토지주택공사를 진주시로 이전시켜 버렸다. 이뿐인가. 국민연금공단의 핵심 기관인 기금운용본부를 공사화해 전북에 보내

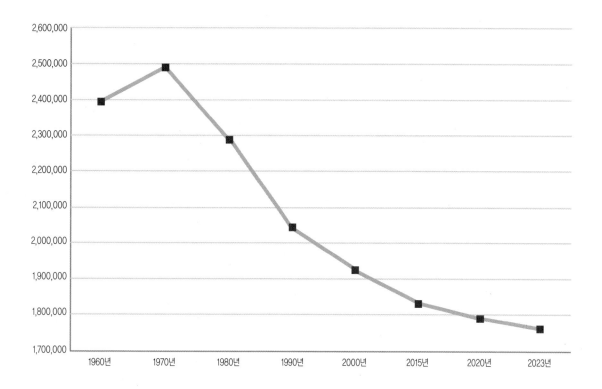

2,600,000
2,500,000
2,400,000
2,300,000
2,200,000
2,100,000
2,000,000
1,900,000
1,800,000
1,700,000

1960년 1970년 1980년 1990년 2000년 2015년 2020년 2023년

1960년대부터 2023년까지의
전북 인구 추이 그래프.

지 않으려 했던 기억이 지금도 생생하다.

　민주당 정부가 역점을 두었던 지역 균형발전 계획이 없었다면 인구는 더 빠른 속도로 줄었을지 모른다. 하지만 군사정권의 막을 내리게 한 대통령 직선제도, 중앙집권을 끝내고 지방시대를 연 자치제도, 여러 차례 향배가 바뀐 정권도 인구 유출은 막지 못했다. 다만 가파르던 직선이 조금 완만해졌을 뿐이다.

　전북은 도내 14개 시군 중 11곳이 지방소멸 위기 지역이다. 1960년대부터 시작된 이촌향도(離村向都)는 멈출 줄 모르고 지금도 계속되고 있다.

2. 광주·전남은 56개, 전북은 8개

굳이 통계를 빌리지 않아도 피부로 느낄 수 있었다. 나의 의정활동은 통폐합되거나 폐지되는 기관을 존치시키는 과정이기도 했다.

익산국토청, 한국광물자원공사 익산사업소, 노동부 익산노동지청, 한국철도공사 전북지사, 농어촌공사 익산지사 등의 기관을 다시 주저앉히면서 나는 줄어드는 인구와 쪼그라드는 도의 처지를 절감했다.

특히 2015년 호남·제주권역을 관할하던 익산국토관리청을 쪼개 광주·전남국토청을 신설하려는 계획이 발표되자 전북은 충격에 잠겼다. 분노라기보다는 서러움에 가까운 감정이었다.

호남권 정부산하기관 64개 중 56개(87.5%)가 광주·전남에 편중돼 있었고 전북은 8개(12.5%)에 불과했다. 전북지역에 있는 호남권 관할 8개 공공·특별지방행정기관 중 공기업은 △대한석탄공사 호남사무소(김제) △한국광물자원공사 자원인력개발원(익산) △사립학교교직원연금공단 호남지부(전주) △국립공원연구원(남원) △한국과학기술연구원 전북분원(완주) 등 5개였고, 특별지방행정기관은 △익산지방국토관리청(익산) △

'지방소멸위기 어떻게 극복할 것인가' 라는 주제로 전문가 토론회를 개최했다. 2019. 11. 28.

서부지방산림청(남원) △국립군산검역소(군산) 등 3곳에 불과했다. 익산지방국토관리청 외에는 비중이나 무게감이 크다고 보기는 어렵다.

반면 △한국마사회 △한국감정원 △국민연금공단 △국민건강보험공단 △대한무역투자진흥공사 △근로복지공단 △신용보증기금 △한국정책금융공사 △국세청 △공정거래사무소 △한국석유공사 △한국지역난방공사 △한국철도시설공단 등 굵직하고 실속 있는 기관은 광주·전남에 뿌리를 내렸다.

'호남 본부−전북 지점·지사' 체제도 서글픈데 그나마 광주에 있는 기관 48개 중에서 23개 기관(47.9%)은 전북에 지점이나 지사조차 두지 않아 전북도민의 불편은 매우 컸다.

이러한 때 국토부가 전북의 자존심을 지탱해 왔던 익산지방국토관리청마저 광주·전남국토청으로 분리하겠다고 나섰다. 2015년 6월 4일이었다. 상실감은 이루 말할 수가 없었고 정부에는 서운함으로, 광주·전남에는 질시로, 그리고 국회의원들에게는 분노로 표출됐다.

3. 호남권 관할 국토청 이름이 '익산'인 이유

국토부를 소관으로 하는 국토위에 전북의원이 있었지만 이렇다 할 진척은 없었다. '행정의 효율성'이라는 명분으로 분산된 조직들을 통폐합하는 정책은, 정부의 기본방침이었다.

6월 7일, 국토부 1차관과 통화를 했다. 그는 "용역을 진행한 것은 사실이지만 행정자치부와 협의도 거쳐야 하는 등 단시간 내에 결정될 내용은 아니다"라고 밝혔다. 이에 나는 익산국토청 분리 문제를 조용히 물밑 작업으로 해결하겠다는 계획을 세웠다. 호남 내부 분쟁으로 진화될 것이 염려됐다.

당시 법사위 위원에, 원내수석부대표였다. 원내수석은 장관들과 수시로 만날 수 있는 자리였다. 여야 간의 협상은 물론, 국회 내의 운영, 특히 본회의 장관 출석 여부까지 관장하기 때문이었다.

법사위가 열렸다. 법안이 여러 개 올라왔는데 먼저 이 법을 잡았다. 국토부에서는 꼭 통과시켜야 하는 법안들이 두세 개 있었다. 국토부의 집중 대응과 하소연이 이어졌지만, 익산지방국토관리청을 분리하겠다는 입장은 철회하지 않았다. 법안이 왜 법사위에 잡혔는지 장관에게는 보고가 되지 않았을 것이었다. 도내 스피커들이 모두 나서 규탄하고 전북 언론은 연일 국회의원들에 대한 성토를 쏟아내고 있었다.

그러던 중 국토부 장관이 외교 일정이 있어서 본회의에 출석하기 어렵다는 보고가 들어왔다. 나는 즉시 모든 일정을 취소하고 본회의에 출석하라고 전했다. 그제야 장관에게 연락이 왔다. 국토청 분리 백지화를 원점에서 재검토하겠다는 것이었다.

조직을 효율화하라는 것은 행자부의 지침이었던 만큼 바로 행자부 장관을 만났다. 마침 원내대표단과 회동이 있었다. "국토부에서 이 사업을 재검토하겠다고 하니 행자부에서도 이 사업을 추진하지 말아달라"고 했다. 바로 오케이 사인이 떨어졌다.

바로 다음 날인 6월 25일, 백지화됐다는 낭보를 전했다. 많은 스피커와 전북 언론이 일시에 잠잠해졌다. '잘했다'는 후속 보도 하나 없이 소강상태에 들어갔다. 돌연한 시작에 서운한 끝인가 했는데 그해 8월, 국토부로부터 면담 요청이 들어왔다. 세 가지 안건이었다.

첫째는 익산청 산하기관(4사무소, 3출장소)은 현행 유지하고, 나머지 4개청 산하 사무소·출장소는 폐지해 4개 사무소만 존치하겠다는 내용이었다. 알아서 하시라고 답했다.

두 번째는 관할구역 내 업무 효율화를 위해 대구·경북 관할 국토청을 신설하겠다고 했다. 이 내용은 광주·전남국토청이 살아날 불씨가 될 수 있었다. 반대했다.

마지막으로 업무 특성과 통일성을 고려해 국토청 명칭을 소재지에서 관할권역으로 바꾸는 것만은 동의해달라고 했다. 익산청을 전라청으로 바꾸자는 것이었다. 서울청, 원주청, 대전청을 수도권청, 강원청, 대전·충청청 등으로 변경하려는데 익산청 이름만 그대로 둘 수는 없었다.

"제가 반대하면 어떻게 됩니까?"

"그래도 조직의 통일성을 기해야 하니 이것만은 동의해 주십시오. 이름뿐이지 않습니까?"

정부에게는 그저 이름이었지만 우리에게는 피맺힌 이름이었다.

"그간 당한 세월이 길어 이마저도 전북도민, 익산시민은 동의할 수 없을 것입니다. 제 의견이 비이성적으로 들리겠지만, 안 되겠습니다."

언젠가 공공기관이 지역 균형 차원에서 적절하게 안배된다면 우리는 기꺼이 개명을 허락할 것이다. 그때까지 호남권 전역을 관할하는 국토관리청이 '익산'이라는 이름을 달고 있는 것은 당연하고 정당하다.

2023년 현재까지, 이 명칭과 직제는 그대로 유지되고 있다.

4. 104km만큼의 차별을 바로 잡다

빼앗기는 것은 순식간이지만 되찾고 복원하는 데는 오랜 시간과 공이 필요하다. 광주고법 전주재판부 역시 그랬다.

원래 광주고법 전주부는 1995년부터 전주고법 유치를 촉구해 2006년 설치됐다. 그간 전북도민은 전주지법에서 1심 재판 뒤 고등법원의 항소심을 받으려면 광주까지 갔다 오는 불편과 손해를 감수해 왔다. 104km만큼의 차별이었다.

이러한 불편함은 결국 소송을 포기하게 만들기도 했다. 특히 하루 벌이에 생계가 달린 서민들이라든지 장애인·노약자와 같이 이동이 힘든 사람들에게 그 폐해는 더욱 컸다.

그런데 2008년 2월 대법원이 전주부를 원외재판부로 격하시키고, 이어 광주고법은 행정사건과 형사 재정신청 사건도 회수해 갔다. 4월 총선을 앞두고 국회의원 누구도 신경 쓰지 못하는 사이 이루어진 조치였다.

2008년 나는 국회에 등원하자마자 첫 국정감사에서 이 문제를 집중적으로 제기했다. 법원 자료를 분석한 결과, 전주 원외재판부의 사건적체율은 광주 본원의 3배에 달하고 있었다. 더 증원되고 확대되어야 할 원외재판부를 오히려 축소했다는 것은 전북도민의 재판청구권을 심각하게 침해하는 일이었다.

2009년 3월 대법원과의 간담회에서 재판부 증설과 항소법원 설치를 마침내 약속받았고 2010년 2월, 2개 재판부의 법관 6명이 민사, 형사, 행정사건 및 재정신청 사건까지 처리하는 것으로 확정됐다. 광주고법의 사건을 다시 찾아온 것이다. 이로써 전주부 환원의 모양새를 갖췄지만, 현재 공식적인 명칭은 원외재판부로 남아 있다.

나는 2010년 10월, 항소법원 설치를 위해 5개의 관련 법 개정안을 동시에 발의했다. 대법원은 2022년 9월에 이르러서야 제22차 사법행정자문회의를 열고 고등법원과 지방법원 항소부를 합친 항소법원 설치를 합의했다. 무려 12년 만의 결정이었다.

당시 한나라당 의원과 공동주최한 항소법원 설치를 위한 토론회 포스터

5. 빼앗겼던 역사, 원점으로 돌린 사업

노동부 익산노동지청, 한국철도공사 전북지사, 한국광물자원공사 익산
사업소, 농어촌공사 익산지사도 잇따라 통폐합이나 이전계획을 내놨다.
기관의 규모나 성격에 따라 사연은 다르지만 효율성, 경제성, 편의성 등
의 핑계는 공통됐다. 공공성을 추구해야 하는 공적 기관의 행태라 더욱
입맛이 썼다. 빈익빈 부익부, 지방 사이의 차별에 속도가 붙는 이유이기
도 했다.

노동부 익산노동지청 | 2009년 3월, 추위가 채 가시기도 전에 익산지
청을 군산지청에 통합하는 방안이 드러났다. 극비리에 추진하다 이러한
사실이 알려지면서 익산시민들의 반발은 더욱 거셌다. 2006년 익산지방
노동사무소에서 광주지방노동청 익산지청으로 변경된 터였다.

철통 보안 속에 진행된 통폐합 방안이 감지되자 즉각 노동계, 기업계,
시민 대표 등이 참여하는 대책위가 꾸려졌다. 긴급 항의방문단을 구성해
노동부, 행자부 등 관련 부처에 '통합 절대 반대'라는 여론을 전달했다.

익산시민 700여 명은 어양동 광주지방노동청 익산지청 앞에서 노동부 익산지청을 군산지청으로 통폐합하려는 노동부 방침을 규탄했다. 2009. 3. 24.

나는 이에 힘입어 3월 17일 노동부 장관을 면담하고, 익산지청 군산지청 통합방안을 철회할 것을 강력히 요청했다. 24일, 노동부는 "재·보궐 선거 및 쟁점 법안 처리를 앞두고 이춘석 의원 등 해당 지역 국회의원의 반발이 너무나 거세 노동지청을 통합하는데 큰 부담을 느낄 수밖에 없었다"며 백지화를 선언했다.

한국철도공사 전북지사 | 같은 해, 2009년 하반기에는 익산에 있는 철도공사 전북지사가 통폐합될 위기에 처했다. 철도공사는 광주지사, 전남지사만 남기고 전북지사는 없애겠다고 밝혔다.

나는 7월 24일 KTX 익산역사 착공식에서 철도공사와 국토해양부 관계자들이 모인 가운데 축하 대신 이 문제를 집중적으로 거론했다. 통폐합이 거론되는 다른 지사는 수송 인원이 감소세이거나 10만 명 남짓 늘었지만, 전북지사는 44만 명이나 늘었다. 향후 새만금 철도연장사업과 전라선 복선화사업 등이 본격 추진되면 그 역할과 중요성은 더욱 커질 것이었다. 통합지사나 본부의 광주·전남 편중 역시 균형발전 원칙에 맞지 않았다.

통폐합 안을 의결할 이사회가 열리기 사흘 전인 7월 29일, 나는 전북도지사 등과 철도공사 본사를 방문해 사장과 면담했다. 국토부에는 미리 이러한 우려를 전달해 둔 차였다.

한국철도공사는 8월 1일 이사회를 열고 기존 17개 지사를 12개 본부 체제로 개편하는 철도공사 조직개편안을 통과시켰다. 수도권 5개 지사는 3개 본부 체제로 축소됐으며 대전과 충남, 경북 일부는 '대전·충남본부', 부산과 경남도 '부산·경남본부', 경북 2곳도 '경북본부' 1곳으로 각각 통폐합됐다. 그러나 애초 폐지가 거론됐던 전북지사는 그대로 존치됐다.

한국광물자원공사 익산사업소 | 공기업 선진화라는 MB 정부의 방침으로 2009년 익산은 직격탄을 맞았다. 한국광물자원공사도 그중 하나였다.

원래 광물자원공사는 민간기업에 관한 기술, 자금, 정보 지원이 주 업무였다. 그런데 이상하게도 '해외자원개발'에 역점을 두고 조직개편을 서둘렀다. 자금을 6천억 원에서 2조 원으로 대폭 늘리고 이름도 대한광업진흥공사에서 한국광물자원공사로 바꿨다. 이에 따라 조직개편이 이어졌다. 익산사업소를 폐지한다는 발표가 있었다. MB 자원외교의 시작이었다.

익산은 전국 석재산업의 70%를 차지한다. 쇠퇴기를 걷고 있으나 광물자원공사가 이를 포기한다는 것은 기관 본연의 임무를 버리는 것이고, 스스로 존립 근거를 없애는 일이기도 했다.

이에 나는 한국광물자원공사 익산사업소 폐지를 막고 오히려 광업 전문 기능 인력 양성 교육센터로 확대 개편했다. 2014년 한국광물자원공사 익산사업소는 '마이닝(mining, 광산업)센터'로 명칭을 변경하고 고용노동부 직업훈련 과정, 자원개발 특성화 대학 실무교육 등 각종 교육 사업 수행과 탐광 시추·승갱 굴착 등의 업무를 수행하고 있다.

농어촌공사 익산지사 | 2016년 8월, 농어촌공사 사장은 익산지사를 방문하며 이전을 언급했다. 옛 군산지사 사옥의 활용계획을 검토하면서 익

한국농어촌공사 정승 사장과 〈지사 이전계획은 없다〉는 서류를 확인하고 있다. 2016. 11. 2.

산지사를 옮기면 좋겠다는 의견이 있었다는 것이다.

　함열읍은 익산 북부권의 중심지이자 농업기술센터가 있어 지역 농업정책의 기틀을 만드는 곳이었다. 도의원, 시의원, 함열읍장, 지역주민 대표들은 여러 차례 익산지사장과 전북본부장을 만나 반대의견을 전달했다. 이전계획이 없음을 밝혔지만, 여론은 사그라지지 않았다.

　나는 후임 사장의 취임을 기다렸다. 발언의 진앙지인 농어촌공사 사장은 교체를 앞두고 있었다. 11월 2일, 한국농어촌공사 정승 사장을 국회에서 만났다. 취임 5일 만에 잡힌 자리였다. 정승 신임 사장은 주민 동의 없이 이전하지 않는 것은 물론, 오히려 현 사옥을 신축하겠다고 약속했다. 익산지사 건물은 지은 지 40년이 넘어 곳곳에 균열이 가고 기울임 현상도 나타나 안전 문제가 수년 전부터 제기된 바 있었다.

　한국농어촌공사 익산지사는 한국농어촌공사의 전국 93개 지사 중 3번째로 규모가 크다. 관리 면적만 1만 6,200㏊이고, 4부 4지소로 78명의 직원이 근무하고 있다. 익사지사가 이전한다면 익산 북부권의 상실감은 매우 컸을 것이다. 나는 주민들을 안심시키기 위해 "익산지사 이전은 중장기계획(안)에 포함되어 있지 않다"는 내용을 서면으로 확답받고 이전 논란에 마침표를 찍었다.

한국농어촌공사 익산지사 신축 사옥 조감도

"이제 전남으로 가지 않아도 됩니다"
국내 유일의 첨단 산업안전교육장 유치

전북권역 IoT 산업안전 체험교육장이 함열 제4산단 내에 지어진다. 교육장은 권역별로 6곳이 운영되고 있는데 1997년 인천에 첫 교육장이 건립된 이후 전북권에는 20년 넘도록 단 한 곳도 세워지지 않았다. 따라서 전북의 노동자들은 전남 담양에 있는 호남교육장까지 가서 교육받아야 했다. 나는 2019년, 북부권 개발 구상의 하나로 고용노동부와 기재부를 설득하고 압박하며 지난한 노력 결과, 274억 원 전액 국비로 사업을 성사시킬 수 있었다.

지하 1층, 지상 3층 규모로 산업안전과 관련된 5개 관으로 구성되는데 특히 국내 최초로 사물인터넷(IoT), 증강현실(AR), 가상현실(VR)을 활용한 미래형 시설이 갖춰질 예정이다.

2024년 개관되면 전북 노동자 2만5천여 명은 물론, 첨단 시설인 만큼 더 많은 수요가 몰려 인근 상권 회복에도 도움이 될 것으로 기대되고 있다.

안전체험교육장 설계 공모 당선작(입면도) ⓒ안전보건공단

익산을 위한 세 개의 기둥

익산을 최첨단
　　농생명산업의 메카로

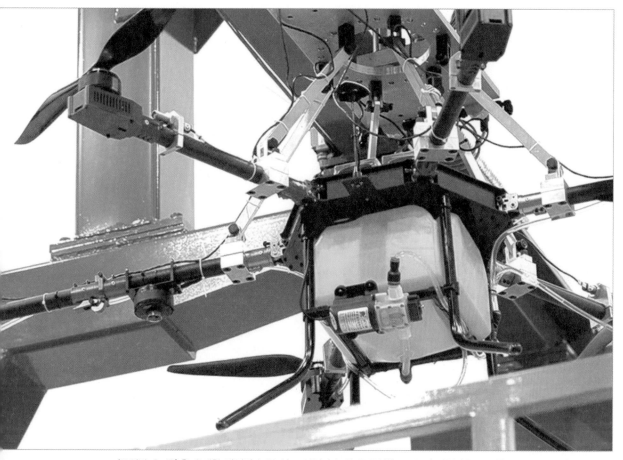

'무인방제드론'은 유해한 장시간 농약 살포 작업과 농약 중독위험으로부터 작업자를 보호할 수 있는 농업용로봇이다.
드론 검정 역시 한국농업기술진흥원에서 하고 있다. ⓒ한국농업기술진흥원

나는 2020년 정부 예산안에 익산의 3대 성장동력이 될 사업을 챙겨 넣었다.
△농생명산업 △문화관광산업 △최첨단 신산업의 기본 인프라를 구축할 예산이
었다. 결과적으로 이는 현재 시점, 나의 마지막 예산 작업이 되었다.

이 사업들이 뿌리를 내리면 향후 익산의 미래를 주도할 산업기반이 본격적으로
골격을 갖출 것이었다. 먼저 방점을 둔 성장동력은 '농생명 산업'이었다.

1. 농업용로봇, 첨단농기계를 익산으로

하루가 다르게 첨단농기계가 쏟아지고 있었다. 벼농사에서 자율주행 이앙기를 활용하면 노동력이 50% 절감되고, 드론을 이용하면 방제 노력이 87% 줄어든다. 축사에서 새벽에 농장주가 사료를 주는 일도 로봇이 대신한다. 고령화되어 가는 농촌에서 기계화는 필연이었다. 노동집약적인 농업의 세대교체를 위해서도 과학 영농은 자연스러운 흐름이었다.

하지만 경지면적이 좁아 기계로 농사짓는 일을 먼 나라 얘기처럼 여기는 사이, 어느덧 첨단농기계는 해외 제품에 시장을 내주고 있었다. 수입제품은 고가에다 AS에도 문제가 있었다. 작은 부품 하나가 고장 나도 호환과 수리에 어려움을 겪고 안전사고도 큰 문제가 됐다. 언제까지 수입에 의존할 수는 없었다.

농생명 ICT 검인증센터
ⓒ한국농업기술진흥원

농업용 방제 드론 전문업체
익산 메타로보틱스(주) 현장.

　글로벌기업을 키우려면 우리가 기준을 장악해 세계 표준화하는 과정은
필수였다. 스마트팜 기술·제품을 현장 실증하고 표준을 세워야 우리 스
마트 농기자재의 생산이 촉진되고 시장점유율도 확대될 수 있었다. 그러
자면 농생명 ICT 기술 검·인증 기반이 꼭 필요했다.

　한국농업기술진흥원(전 농업기술실용화재단)은 모든 농기계를 검·인
증하는 국내 유일의 전문기관이었다. 정보통신기술로 발전된 기자재 검
정을 통해 이를 표준화하고, 스마트 농업기술 기반을 탄탄하게 다지려는
목표가 있었다. 식량·과수·채소 생산 전체 주기에 농업용로봇이 활용
되도록 실증과 보급을 확대한다는 계획도 세웠다. 하지만 기술변화를 따
라가지 못하는 검정 장비와 인프라가 문제였다. 정부 예산이 시급했다.

　먼저 농생명 ICT 기술 테스트베드*를 만들기로 했다. 개발 중인 로봇,
스마트팜 기자재의 현장 실증 등 국내 기술의 상용화를 지원하려면 꼭 필
요한 시설이었다. 당국이 이 시급성을 깨닫지 못해 정부예산에는 실리지
못했다. 나는 2016년 국회 심의 단계에서 급히 예비비로 일부 예산(15억)
을 실었다.

* 정보통신기술(Information
and Communications
Technology) 관련 개발 기술
에 대한 검증을 위해 실제 환
경과 유사하게 구축한 공간

2017년에는 이 사업의 연장으로 농생명 ICT 검·인증센터를 구축하기로 했다. 한국농업기술진흥원이 익산으로 완전히 이전해 오는 해이기도 했다. 역시 정부안에는 전혀 반영되지 않은 상태였다. 기재부는 절대 불가 의견을 냈지만 내가 밀어붙여 총사업비 100억 원 규모로 사업을 통과시키는 것으로 최종 결론지었다.

이로써 한국농업기술진흥원은 스마트팜 등 첨단 농생명산업과 관련된 모든 기계를 검증하는 기구가 됐다. 농업용로봇, 스마트팜, 농생명 ICT 기자재 등을 전부 익산에서 검증하기 때문에 관련 업체들은 자연스럽게 검증기관 주위로 자리를 옮겨 집적화를 이루게 된다. 농업과 관련된 모든 기계산업의 명실상부한 메카가 되는 것이다.

2. 농업 ICT 벤처기업을 키우는 요람

'스마트농산업 벤처창업 캠퍼스' 사업은 처음부터 직접 입안한 사업이다. 나는 기재위원장 시절 한국농업기술진흥원은 물론, 번번이 장벽으로 작동하는 기재부 담당 과장과 아예 처음부터 함께 사업을 설계했다.

벤처·창업기업을 육성하는 사업은 많지만, 첨단농업 기술을 중심으로 타 분야 기술과의 융복합 사업화를 지원하는 사업은 없었다. 특히 ICT 기술을 융복합한 농업용로봇, 스마트팜, 기자재 등 첨단농업 벤처창업을 키우는 사업은 일반 농업벤처 육성과는 수준과 결이 완전히 달랐다. 당시 진흥원은 권역별로 서울, 춘천, 세종, 안성, 구미, 여수 등 7개의 벤처창업 지원센터를 운영하고 있었는데 이에 대한 컨트롤타워도 겸하면 좋겠다는 데에 의견이 모였다.

미국, 유럽 등 농업 선진국의 농기자재는 이미 첨단기술과 결합해 고부가가치 산업으로 성장하고 있었고, 정부 지원 규모도 우리와는 비교가 되지 않았다. 기술격차는 최소 5년 이상이었다. 민간에만 맡겨두면 신산업은 활성화되기 어려웠다.

다행히 국내 농업 ICT 관련 시장은 확대되는 추세였다. 시설원예는 2018년 94개에서 2019년 127개, 축산 쪽은 109개에서 188개로 크게 늘었다. 따라서 차세대 농업을 이끌어갈 청년층을 대상으로 창업지원센터를 만들어 정부가 적극적으로 부양할 필요가 있었다. 미래를 위해 꼭 필요한 선제적 투자였다.

지금 당장 필요한 예산에도 인색한 기재부가 이 사업을 반길 리 없었다. 국가식품클러스터 내 청년식품창업 허브 구축사업을 일찌감치 정부 안에 실어두었는데 이것이 발목이 됐다. 익산에 두 개의 캠퍼스를 동시에 주기는 어렵다는 논리였다. 게다가 국가산단이 아닌 곳에 벤처창업 육성을 명목으로 건물을 지어주기 시작하면 잇따르는 다른 지역의 요구를 거

한국농업기술진흥원은 모든 농기계를 검·인증하는 국내 유일의 전문기관이다. ⓒ한국농업기술진흥원

절할 수 없다는 것이다. 함께 입안했던 기재부 담당과장은 전 직원이 있는 자리에서 예산실장에게 질책을 듣는 수모를 여러 차례 당했다.

진흥원 쪽에서도 어려움을 호소해 왔다. 재원은 국고 100%로 총사업비는 추산 299억에 달했다. 총면적 3천 평에 달하는 캠퍼스를 신축하는 데에만 큰 예산이 필요했다. 시제품 제작 지원 등을 위한 복합시설이 필요했기 때문이다. 정부 부처에서도 산하기관이 이렇게 큰 사업을 품는 것을 원치 않는 기류가 감지됐다. 국가식품클러스터 내 청년식품창업 허브 구축사업 역시 농식품부 소관이었다. 혹시 내용이 겹칠까, 저어하는 분위기도 역력했다.

국가식품클러스터의 허브는 '농식품'에 집중된 것이고 진흥원의 사업은 농식품을 제외한 '농기자재'에 특화된 것이었다. 게다가 이는 익산에 주는 특혜가 아니었다. 한국농업기술진흥원은 국유 특허 기술을 보유하고 있었다. 국가 농업 분야 기술만 1만 2천 건으로, 방대한 데이터를 기반으로 기술을 실용화할 수 있는 곳은 국내, 진흥원이 유일했다.

하지만 더 강력하고 절박한 필요성이 있었다. 2019년은 일본이 도발한 수출규제 문제로 원천기술 확보가 필요하다는 여론이 비등했다. 국내 농기계·자재 분야 역시 기술 독립이 시급했다. 국내 트랙터 엔진 시장 규모 중 수입의존도는 47.2%였고, 혼다, 미쓰비시, 가와사키 등 일본 제품이 차지하는 비중이 상당했다. ICT 강국으로서 공격적인 R&D 투자와 벤처·창업 기업들을 집중적으로 지원해 경쟁력을 강화하는 일은, 지금 당장의 임무였다. 농식품부의 기우나 기재부의 형평의 원칙은 무역전쟁 앞에 너무 한가한 논리였다.

결국 마지막에 기재부가 손을 들어 '스마트농산업 벤처창업캠퍼스' 사업은 가까스로 예산 막차에 올랐다. 기재부 담당과장이 보직 이동될 수 있다는 절박감과 진흥원에 사업을 포기하라는 압박감이 절정에 달했을 때였다.

3. 국회 사무총장이 되어 되살린 벤처창업 캠퍼스

내가 2020년 총선을 앞두고 경선에서 패배하자 농식품부는 '그린바이오 벤처캠퍼스'로 명칭을 바꾸고 이를 공모로 돌려버렸다. 국가식품클러스터의 소스산업화센터에 이어 두 번째였다. 눈 뜨고 코 베인다는 것이 이런 것이었다. 2016년 총선에서는 살아 돌아와 농식품부가 스스로 백기를 들었지만, 이번에는 사정이 달랐다. 패배의 아픔보다 공을 들여 추진해 온 사업을 이런 식으로 빼앗기는 것이 더 견디기 힘들었다.

농식품부는 2021년 5월 공모에 나섰다. 농식품부 관계자는 "그린바이오 벤처캠퍼스가 최적의 입지에 건립될 수 있도록 지자체가 적극적으로 입지를 제안해주길 바란다"고 밝혔다. 전국 지자체 12군데가 설명회에 참여했다.

다행히 나는 그해 1월 제34대 국회 사무처 사무총장으로 취임했고, 농식품부는 2021년 서류심사와 현장평가를 거쳐 7월, 익산 함열읍 농공단지를 선정했다. 사실상 선정이라기보다 이 사업의 원주인이 익산인 것을

경선 패배 후 직접 입안했던 사업이 공모사업으로 전환돼 국회 사무총장이 되어 되살려야 했다. 사진은 그린바이오 벤처캠퍼스 조감도.

재천명한 것에 불과했다. 취임하자마자 이 사업을 바로잡기 위해 최선을 다했기에 당연한 결과였다.

내용은 크게 바뀌었다. 스마트 농업과 함께 마이크로바이옴(미생물 산업), 곤충을 포함한 대체식품, 동물용 의약품과 종자산업, 생명 소재 등 그린바이오로 영역이 변경됐다. 그린바이오 벤처캠퍼스를 우리나라 그린바이오 산업 생태계 구축을 위한 구심점으로 조성하고, 세계시장을 선도하는 기업들의 요람으로 만들기 위한 작업이었다.

이 역시 익산과 전북에 꼭 필요한 사업이었기에 나는 군소리 없이 받아들였다. 마침 2020년 예산으로 '동물의약품 효능안전성평가센터' 예산을 반영시킨 바 있었다. 총사업비 약 200억 원을 들여 점차 늘어나는 동물의약품 검인증 관련 시장을 선점하겠다는 구상이었다. 농생명산업의 블루오션으로서, 그린바이오 벤처캠퍼스와 함께 익산의 경쟁력이 될 것으로 기대된다.

4. 농산업과 식품 창업 허브로 급부상

농업에 직접 뛰어드는 청년들 못지않게 농식품 관련 벤처를 창업하는 청년들도 늘어나는 추세다. … 중략 … 농식품 관련 벤처창업을 준비하는 사람은 농림축산식품부와 농업기술실용화재단이 운영하는 농식품벤처창업센터에서 도움을 받을 수 있다. 해당 분야 전문가나 기존 기업과 연결고리를 마련해주고 시제품 제작을 위한 자금도 빌려준다. 식품특화 벤처라면 전북 익산시 국가식품클러스터 내 창업지원랩을 활용하는 것도 방법이다. 정부는 농식품 벤처펀드를 통해 관련 벤처기업에 투자하고 있다.

〈2019.8.13, 동아일보〉

농산업과 식품 창업에 뛰어들려면 이제 농업기술실용화재단(현 한국농업기술진흥원)이나 국가식품클러스터를 통하라는 기사다. 두 기관 모두 익산에 있다. 사실 농식품벤처창업센터나 창업지원랩 모두 완벽한 지원 체계라고 보기는 힘들었다. 그래서 이를 각각 발전시켜 벤처캠퍼스와 청년식품창업센터로 키우는 데 주력한 것이었다. 익산이 식품과 비식품 분야를 모두 아울러 농산업 분야 벤처창업의 중심으로 자리매김하는 데 꼭 필요한 사업이었다. 이제 자타공인 농산업과 식품 창업의 길은 모두 익산으로 통하게 됐다.

국가식품클러스터 내 청년식품창업 허브 구축사업(총사업비 266억)은 윤태진 이사장과 함께 발로 뛴 덕분에 일찌감치 정부안에 담아낼 수 있었다.

청년들의 도전을 돕는 벤처창업 지원사업은 많지만, 식품 분야는 전혀 없었다. 다른 분야와 달리 식품 창업은 원료별, 목적별로 다양한 시설과 연구 장비가 필요하기 때문이다. 또 제품의 유통기한이 짧아 식품 분야에 최적화된 공간과 시설이 없으면 창업지원은 불가능하다.

국가식품클러스터 내 청년식품창업 허브 조감도 ⓒ한국식품산업틀러스터진흥원

이미 국가식품클러스터에는 '식품벤처센터'와 최신 트렌드에 맞춰 특화 장비를 활용해 시제품을 생산·지원하는 '파일럿 플랜트'가 있었고 △식품 패키징센터 △식품 품질안전센터 △식품기능성 평가지원센터도 구축돼 있었다. 또 △소스산업화센터 △HMR기술지원센터 △농식품 원료 중계공급센터 △기능성식품 제형센터도 속속 준공됐다. 국가식품클러스터만이 최첨단시설을 기반으로 상품화까지 지원하는, 식품창업허브가 될 수 있었다.

2020년 예산안에 설계비 10억을 우선 반영했다. 이 씨앗 예산은 향후 건축비와 장비비 등 국비 총 266억으로 성장해, 오는 2024년 열매를 맺게 된다.

총면적 2천800여 평의 5층 건물에는 식품 창업을 꿈꾸고(교육), 즐기고(체험), 준비(창업)하는 플랫폼이 들어서, 아이디어와 기술력 있는 청년·대학생의 식품 창업 전 과정을 지원하게 된다. 식품업계 청년 일자리 창출은 물론, 아이디어의 사업화, 창업, 성장, 투자(분양)로 이어지는, 성장 생태계의 메카가 될 것이다.

국가식품클러스터 가정편의식 HMR기술지원센터 ⓒ한국식품산업틀러스터진흥원

농산물 가격을 좌지우지하는 HMR기술
국가식품클러스터에 안착

HMR 시장이 1인 가구 증가 등 트렌드의 변화와 코로나19, K-열풍으로 국내는 물론, 수출 역시 확대일로인 데 반해 중소·중견기업에는 충분한 기술적 지원이 없어 센터 건립이 시급했다.

특히 코로나19의 장기화로 가장 수혜를 가장 크게 입은 것은 HMR이었다. 볶음밥, 주먹밥, 떡볶이 이 세 개가 쌀값을 좌지우지하고, 국산을 쓰느냐 수입쌀을 쓰느냐에 따라 쌀값이 출렁일 정도로 그 위력이 대단하다. 특정 밀키트가 대박 나면 그 밀키트에 들어가는 원재료의 값이 오를 정도다.

하지만 국내 HMR 제품은 대부분 대기업 중심으로 폐쇄적으로 개발되고 있고 중소기업은 연구개발 역량 부족으로 대기업 아류 제품을 출시하는 형편이었다. 기술 확보를 위해서는 이종산업(원자력, 전자, 화학 등) 간 융복합 연구가 필요하지만 막대한 자원이 소요되기 때문에 기업 자체 수행은 현실적으로 불가능했다.

이에 정부 차원에서 지원할 수 있도록 개보수 및 증축에 10억, 연구 장비(73종)에 필요한 35억을 확보했다. 국가식품클러스터 내에 2020년 착공해 2021년 문을 열고 국내외 트렌드를 반영한 신제품개발 기술, 비가열 살균 기술, 친환경 스마트 포장 기술 등의 사업화 제반을 지원하고 있다. 국내 간편식 시장 규모는 2019년에 4조 원에 육박한 것으로 추산됐고, 올해는 5조 원을 넘길 것으로 전망되고 있다.

IV-3

익산을 위한 세 개의 기둥

문화관광산업을 위한 포석(布石)

익산은 풍부한 역사문화관광자원을 가지고 있으면서도 인프라는 물론 연결성이 취약해 체류형 관광에 한계가 있었다. KTX역을 선상 역사로 만들고 국립익산박물관을 유치하면서 황등호 복원에 애썼던 이유였다.

나는 익산역을 중심으로 산재한 근대문화유산과 백제문화유산을 유기적으로 연결, 관광벨트를 구축하기 위해 많은 관심을 쏟아왔다. '점을 만들고 이를 선으로, 다시 면으로 확장하는 일은 익산의 성장동력을 만드는 과정이기도 하다.

1. 광대한 백제유적의 거점을 만들다

두 번째 성장동력인 '문화관광산업'에도 몇 개의 포석을 두었다. 그중 하나가 백제 왕도의 핵심 유적들을 관리·홍보할 '세계유산 탐방거점센터' 건립(총사업비 214억)이다.

2015년 익산의 왕궁리 유적, 미륵사지가 포함된 백제역사유적지구가 유네스코 세계유산으로 등재되고, 9층으로 추정되는 한국 최대의 미륵사지 석탑도 2018년 복원을 마쳤다. 2020년 사리장엄구 등 국보를 품은 국립익산박물관도 문을 열었다. 왕도를 구성하는 왕궁*과 사찰, 성곽과 왕릉의 문화를 모두 보여줄 수 있는 고도(古都) 익산이 회복되고 있다.

* 백제 고도 중에서도 왕궁의 흔적이 남아 있는 곳은 익산이 유일하다.

익산 금마면과 왕궁면에는 유네스코 세계유산으로 등재된 왕궁리유적과 미륵사지를 비롯해 제석사지, 왕릉원(익산쌍릉), 익산토성, 연동리석조여래좌상 등 수준 높은 백제문화를 보여주는 유산이 가득하다. 그러나 관광을 하는 입장에서는 흩어진 유적을 한눈에 파악하기 어렵다는 단점이 있었다. 옛 도읍을 더듬는 일이니만큼 그 규모나 거리도 상당하다.

따라서 익산의 핵심 유적에 대한 종합적인 정보와 방문객들을 위한 쉼터, 체험, 환승 서비스를 제공하는 세계유산 탐방거점센터가 꼭 필요했다. 센터는 1만 3천여㎡ 부지에 세계유산센터, 환승센터와 고도통합지원센터 등 지상 2층의 건물 3개 동으로 구성된다. 건축물은 미륵사지 석탑을 모티브로 처마 끝선을 반영, 고도 경관 이미지에 어울리도록 설계돼 2024년 문을 연다.

2. 젠트리피케이션을 부른 고도(古都) 발전

세계유산 탐방거점센터 조감도

무엇보다 이 소식을 반기는 이들은 고도(古都)지구의 주민일 것이다. 금마면은 고도보존법*에 의거한 신·증축 등 각종 개발행위 제한으로 오랜 기간 재산권 침해와 생활에 큰 불편을 겪어 왔다. 2012년 법을 개정해 보존 사업에만 지원하던 국비를 주민 지원 사업으로 확대했지만, 기대감과는 달리 번번이 삭감돼 3년째 단 한 푼도 반영되지 않았다.

이에 2014년 4대 고도(익산·경주·부여·공주)의 지역 국회의원들이 당을 초월한 전방위적인 협력으로 또다시 기반을 마련했다. 문화재청의 예산안에 올리는 것에 성공한 것이다. 예산 당국이 이 상황을 지켜만 볼 리 없었다. 기재부는 '겁 없이' 예산안을 올린 문화재청을 압박하고 이를

* '고도 보존에 관한 특별법'은 2004년 2월 제정돼 2005년 3월부터 시행에 들어갔다. 취지는 고도(古都)의 문화유산 보존과 주민 피해를 방지하기 위한 법이었지만 주민 지원이 전무해 2012년 '고도 보존 및 육성에 관한 특별법'으로 명칭을 변경하고 주민들의 불편을 해소하는 방향으로 개정됐다.

정부안에서 삭제하려 했다. 내가 예결위 간사였지만 직접 지역구가 아니었기에 만만히 본 것이었다.

하지만 관광객은 국회의원 선거구를 따라 움직이지 않는다. 이 예산이 국회로 넘어오기 전, 정부안에 삭감 없이 고스란히 담겨오도록 하는 것이 나의 소임이었다. 나는 그간 정부로부터 '단 한 푼'도 지원받지 못했던 4대 고도 주민의 애끓는 심정을 담아 기재부에게 '단 한 푼'의 삭감도 용납하지 않겠다고 선언했다. 끝을 보자는 심정이었다.

이렇게 지켜내 첫발을 디딘 것이 '고도 이미지 찾기 사업'이다. 4개 고도 지역에 2015년부터 2018년까지 총 479억 원을 투입해 고도 이미지에 부적합한 한옥을 정비하고 가로경관을 개선하는 내용이다. 첫해에는 80억의 예산이 담겼다.

2022년 문화재청은 "사업 성과를 분석한 결과 공주 공산성과 제민천, 부여 쌍북리, 경주 황리단길과 익산 금마 지역 등 고도지구 내 쇠퇴한 지

금마지구 한옥마을

역이 지원 후 한옥 주택·숙박·음식점·제과점·카페 등 새로운 명소와 매력적인 문화 공간으로 변모했고, 자산 가치 역시 지속적으로 상승했다"고 평가했다.

경주 황리단길의 젠트리피케이션은 큰 사회문제로 떠올랐지만, 사업 시행 전에는 상상조차 할 수 없었던 일이기도 하다. 금마 역시 한옥게스트하우스, 한옥도서관, 한옥카페와 유명 빵집이 속속 자리를 잡으며 고도에 대한 인식을 새롭게 했다. 원래 4년간 시행하기로 했으나 사업 효과가 커지면서 예산과 주민 지원 폭이 더욱 확대되고 있다.

'세계유산 탐방거점센터'의 설립 역시 고도 보존육성 사업 중 하나다. 센터가 고도 주민으로서의 자긍심을 한층 더 높이고 익산을 찾는 관광객들에게는 매력적인 거점이 되기를 기대한다.

3. 옛 솜리 장터 일대 등록문화재로 지정

2019년 11월, 익산 솜리, 주현동·인화동 120필지(21,168.2㎡)가 통째로 등록문화재 제763호로 지정됐다. 옛 익산시 솜리 장터인 남부시장 주단거리 일대가 '근대역사문화공간 조성사업'에 최종 선정된 것이다.

이 사업은 50년 이상의 거리와 마을 등 근현대 역사문화유산이 집적된 공간을 보존하고 관광자원으로 활용하기 위해 문화재청에서 추진하는 사업이다. 첫해 공모를 신청했으나 고배를 마신 바 있다. 이에 시와의 긴밀한 협조 속에 공모 일정을 직접 챙기며 고비마다 문화재청장을 비롯해, 중앙부처 관계자에게 역사성과 보존 필요성을 설득하는 등 각고의 노력 끝에 마침내 최종 대상지로 선정될 수 있었다. 「근대 이리 기억과 재생」이라는 이름으로 250억이 지원된다.

솜리시장 일대는 1899년 군산항 개항부터 1914년 동이리역 건립 등을 거쳐 크게 번화했던 곳으로, 광복 이후 형성된 주단과 바느질거리 등 당시 생활사를 엿볼 수 있는 건축물이 모여있다. 1919년에 4·4 만세운동이 일어났던 곳이기도 하다. 이 공간 안에 있는 '익산 구 대교농장 사택', '익산 구 신신백화점' 등 근대도시 경관과 주거 건축사, 생활사 등에서 문화재 가치가 뛰어난 10건은 별도의 문화재로 등록됐다. 문화재청은 2020년부터 문화재 보수 정비, 역사 경관 회복 등을 위한 종합 정비계획 수립을 지원할 계획이다.

백제문화유산과 함께 근대역사문화공간 조성사업이 성공적으로 마무리되면 익산 문화관광산업의 굵직한 거점들이 모습을 갖추게 돼 문화관광도시로서 익산의 위상을 한층 높일 것이다.

KTX 선상 역사와 국립익산박물관을 기반으로 익산시민과 함께 놓은 이 포석들이 익산을 관광도시로 만드는 데 큰 힘이 되기를 희망한다.

구 삼산의원

독립운동가이자 의사인 김병수가 1922년
개원했던 건물이다. 8 · 15 광복 뒤에는 한
국무진회사와 국민은행 건물로 사용됐다.
중앙동으로 이전, 복원해 익산근대역사관
으로 활용하고 있다.

구 신신백화점

1960년대에 건립돼 '신신백화점'으로 사
용하던 건축물로 현재는 한복 판매(원앙주
단)점과 명금다방으로 사용하고 있다. 당시
상업건축물의 특징과 형식을 잘 보여준다.

구 대교농장 사택

일제강점기 동이리역(東裡里驛)을 거점으
로 농장을 경영했던 대교농장의 사택으로,
4.4 만세운동 현장과 인접해 있어 당시의
시대적 상황을 살펴볼 수 있다.

평동로 근대 상가주택

2층과 3층에 수직 요소를 장식적으로 처
리, 모더니즘 양식을 잘 구현했다. 1960년
대 건물들이 연접(連接)하고 있어 가로경관
적인 측면에서 보존 가치가 크다.

IV-4

익산을 위한 세 개의 기둥

서류 속 사업이 현실로
'홀로그램 융합사업'

홀로그램으로 재현한 미륵사 복원 데이터 ⓒ홀로그램콘텐츠 서비스센터

홀로그램은 선도 국가가 없는 사업이었다. 아이러니하지만 나는 오히려 이러한
상황이 전북과 익산의 선점 가능성을 높인다고 보았다. 인프라 없이도 최첨단 신
산업을 유치할 절호의 기회였다.

2017년 처음 이 사업의 존재를 접하고 익산으로 유치하기까지 정부의 지원과 전
북도, 익산시의 노력이 함께했다. 서류 속에 묻혀있던 거대한 그림이 현실이 되
는 과정은 '보이지 않는 것을 보이게 하는 기술', 마치 홀로그램과도 같았다.

1. 신규사업 10억에 목을 매는 이유

예결위 간사는 국가 예산이 어떻게 배분되는지를 한눈에 조망할 수 있는 자리였다. 2014년 당시 1년 예산은 376조였다. 최소한 균형발전이라는 원칙만 지켜도, 전북은 제 몫을 챙길 수 있을 것으로 생각했다. 내 생각이 틀렸다는 것을 깨닫는 데는 오랜 시간이 필요치 않았다.

얼마 후 한국콘텐츠진흥원에서 예산을 증액시켜달라고 찾아왔다. 업체에 직접 지원하는 것이라 예산을 늘리면 전북 기업에도 혜택이 돌아가리라 생각했다. 하지만 전북에는 예산을 받을 수 있는 곳이 없었다. 업체 자체가 거의 없었고 지원 조건에도 규모가 미치지 못했다. 예산은 떠다니는데 담을 그릇이 없었다.

로봇산업은 영남권이 오래전부터 공을 들여온 덕에 인프라가 제법 구축돼 있었다. 영남권 내부의 예산전쟁이 격렬했다. 결국 대구·경북은 의료용 로봇, 부산은 해양 로봇, 경남은 산업용 로봇으로 각각 나눠서 가져갔다. 이 예산은 해마다 차곡차곡 담겨 미래 먹을거리로 키워질 것이었다. 나는 이 싸움에 낄 수 없었다. 그저 그들의 행복한 다툼을 멍하니 지켜볼 뿐이었다. 전북은 그때도 여전히 새만금이었다.

당시에는 '이춘석이 전북 최초로 예결위 간사가 되었으니 성적표를 기대해보자'는 여론이 지배적이었다. 지난해 6조를 넘겼으니 올해도 당연히 그 정도 규모는 돼야 한다는 것이다. 호남고속철도(6,155억), 혁신도시(1,814억) 등의 대형 사업이 완료돼 무려 1조 1,149억 원이나 빠진 상태에서 다시 6조를 돌파하라는 주문이었다.

이런 상황을 뻔히 아는 기재부 예산실장은 "6조를 맞춰달라고 하면 맞

취드리겠다"라고 말했다. 예결위 야당 사령관에 대한 예우처럼 들리겠지만 함정이었다. 나는 숫자에 매몰되지 말자고 말했다. 기재부가 6조라는 숫자 채우기보다 10억짜리 신규사업에 더 인색한 이유를 알고 있기 때문이었다. 당장은 액수가 적지만 나중에 수백, 수천억 원이 되기 때문에 기재부는 신규사업에 가장 깐깐하게 칼을 댔다. 도로 하나로 끝내려던 기재부와의 지난한 줄다리기 끝에 나는 신규사업을 포함해 200여 개의 사업을 챙겼다. 결과적으로 6조 원도 추가 달성했다.

나는 이 과정을 통해 매우 소중한 교훈을 얻었다. '전북이 잘 살려면 예산을 담을 그릇이 되어야 한다. 작은 씨앗이 심겨야 기반이 되고 그래야 더 큰 투자로 이어진다. 인프라 없이 최첨단 산업은 없다.'

이것이 내가 10억의 신규사업에 목을 매는 이유다.

10억의 사업을 확보하는 것은 나무를 심는 일과 같다. 처음에는 작지만 나중에는 지역을 먹여 살릴 큰 동력이 된다.

2. 새로운 성장동력에 공을 들이다

나는 이후 당장의 크기와 상관없이 새로운 성장동력이 될 만한 사업에 골몰했다.

2017년에는 디자인융합벤처 창업스쿨 사업을 유치했다. 서울·경기, 대전, 익산, 대구, 부산, 울산 지역에서 1곳씩 선정됐다. 익산을 제외하고는 광역시 이상의 대도시였고, 호남권에서는 익산이 유일했다. 39세 미만 청년 창업을 지원하는 사업으로, 경쟁이 치열했던 만큼 사업 발굴 단계에서부터 원광대와 호흡을 맞추고 정부 인맥을 동원했다.

원광대는 호남권 디자인창업 거점지역으로 선정돼 연간 10억 원 규모로 123명의 청년 창업지원자 중 40개의 청년 창업팀을 발굴했다. 최종 선발된 10팀은 5천만 원의 창업자금과 함께 제품개발 및 특허등록에서부터 상품 판매를 위한 홍보 마케팅까지 지원받는데, 사업화에 성공한 사례도 적지 않았다. 청년들의 아이디어를 기반으로 선진국형 스타트업을 육성한 우수 모델로 평가받고 있다.

휴대용 3D스캐너 개발 지원사업도 익산으로 가져왔다. 전국적으로 3개 지역만 선정하는 사업으로 2016년부터 공을 들여 2017년 확정됐다.

전북이 3D산업을 선점하자는 구상으로 이미 2014년 전주에 3D프린팅 융복합센터 예산을 확보한 바 있었고, 2015년에는 '호남권 3D프린팅 제조혁신지원센터' 공모에서 익산 유치가 확정된 상태였다. 3D스캐너는 3D프린팅과 한 쌍을 이루는 산업으로, 소재개발과 함께 3D프린팅 분야의 3대 핵심기술로 분류되는 첨단산업이다.

3D스캔 기술은 미륵사지 석탑 보수에도 활용돼 큰 관심을 모았다.

익산 미륵사지 석탑 복원 사업의 가장 큰 난관은 639년 건설되었다는 사실 외에는 창건 당시 석탑의 초기 모습에 대한 기록이 전혀 없다는 것이었다. 석탑 뒤쪽의 콘크리트를 깎아내고 석탑을 완전히 해체한 후 복원하려면 3D 스캐닝을 통한 3차원 데이터의 확보는 필수였다. 해체한 개별 부재 3천여 개를 각 방향에서 총 8회씩 스캔, 8년간 총 2만 4,000개의 데이터를 확보해 석탑의 보수 및 복원 방법을 검토하는 데 활용했다.

이렇듯 문화재 분야뿐만 아니라 다양한 산업군에서 3D 스캐닝 기술이 쓰이고 있고, 그 적용 범위는 점점 더 넓어지고 있다.

익산은 이 기술을 자동차와 기계 부품산업 방면으로 특화해 2020년까지 국비 총 47억 원을 투입했다. 관련 기업들에 3D스캐닝 기술을 지원하는 플랫폼을 구축해 기대 이상으로 실속 있는 성과를 내고 있다. 전북과 익산에 소재한 많은 자동차 부품 관련 기업들이 기술지원 혜택을 받아 경쟁력을 확보하고 있어 익산의 차세대 뿌리산업으로 성장할 가능성을 보여주고 있다.

3D스캐닝 기술은 미륵사지 석탑의 설계와 보존처리에 활용됐다. ⓒ전라북도

3. 국내 유일 '홀로그램콘텐츠 서비스센터'

* 핵심기술 개발 1,505억, 사업화 실증 312억 등 1,817억 8,000만 원 규모

마지막으로 2019년 예비타당성조사를 통과한 홀로그램 사업이 있다. 국가식품클러스터(2009년 예타 통과)에 이은 10년 만의 쾌거였다. 총사업비 2천억 원*에 육박하는 사업이었다.

홀로그램(Hologram)은 완전함이라는 뜻을 가진 그리스어 '홀로스(holos)'와 메시지(그림)라는 뜻의 '그람마(gramma)'가 합쳐진 단어로, 홀로그래피 기술을 이용해 물체의 모든 3차원 정보를 기록한 사진필름 또는 영상을 말한다. 보다 실용적으로 말한다면 한마디로 '보이지 않는 것을 보이게 하는 기술'이라고 할 수 있다. 고인이나 소실된 문화재 등 '다시 볼 수 없는 것', 홀로그램 영상통화와 같이 시공간의 제약으로 '실제 볼 수 없었던 것', 암, 세포 등 시야 정보를 통해 '그동안 볼 수 없었던 것'들이다.

내가 처음 이 사업을 알게 된 것은 전북도를 통해서였다. '홀로그램콘텐츠 서비스지원센터' 구축 예산 확보에 힘을 보태달라고 했다. 홀로그램 융합 콘텐츠의 빠른 안착을 위해 과학기술정보통신부(이하 과기부) 중기 계획에 들어있는 서비스지원센터를 전북으로 끌어오려는 것이었다.

* 당정 협의는 정부와 정당(여당)이 중요 정책을 결정하기 위해 협의하는 과정, 협의를 통해 의견을 조정해 나가는 과정이다. 책임성과 효율성을 높이기 위해 국무총리훈령 제506호 당정협의업무 운영규정에 의해 운영된다.

당시 나는 여당 사무총장을 맡고 있어 수시로 고위 당정 협의*에 참여했다. 대통령이 국정을 수행하는 데 집권 여당과 행정부의 빠른 정책 결정이 필요했기 때문이다.

마침 과기부 장관이 참여하는 회의가 있어 먼저 이 사업의 현실성을 타진했다. 중기재정계획은 중장기적 관점에서 사업의 투자우선순위와 시기를 검토하는 계획이다. 따라서 기간은 '수년간'이라고 포괄적으로 규정돼 있고 예산 편성에 대한 구속력도 없었다.

과기부 장관에 따르면 홀로그램은 투자 순위에서 뒤로 밀려있는, 큰 의지 없는 사업이었다. 세계시장이 연평균 14% 성장하고 있고, 국내 시장도

2030년 2조 2천억 규모가 된다고는 하지만 아직 시작 단계였다. 우리나라 대기업도 R&D를 수행하며 '간을 보는' 차원에 머물러 있었다.

아이러니하게 들리겠지만 나는 오히려 이러한 상황이 전북과 익산의 선점 가능성을 높인다고 보았다. 최첨단 산업도 기존 산업과의 연계는 필수조건이었다. 세계와의 전쟁에서 이기려면 '속도'가 무엇보다 중요했고 빠른 실적을 낼 수 있는 최적지만이 사업을 선점할 수 있었다. 인프라가 취약한 지방 도시가 번번이 고배를 마실 수밖에 없는 이유였다.

나는 장관에게 이 사업을 현실화할 수 있도록 노력하겠으니 과기부에서도 우선순위로 올려 기재부의 벽을 함께 넘어보자고 요청했다. 긍정적 검토를 약속한 과기부가 서둘러 '홀로그램 융합산업 발전전략'을 발표하고 사업을 구체화해 주었다. 본격 추진은 다음 해 예산 확보를 목표로, 2018년 2월 기재부의 '2019년 중기개정 신규사업'에 반영시키는 것부터

시작했다. 전북도와 공동으로 국회 세미나와 국제포럼도 열어 차근차근 고지를 점령해 나갔다.

막바지에는 고비가 여럿 생겼다. 경북 구미시가 사업분할을 강하게 제기했다. 국비 200억 원 지원사업이 70억 원으로 삭감될 위기도 겪었다. 이를 모두 방어하고 기재부 승인을 앞두고 있을 때, 갑자기 센터를 새만금으로 옮기려 한다는 첩보가 들어왔다. 이렇게 큰 사업을 익산시가 감당하겠냐는 노골적 경시였다. 나는 분루를 삼키며 밤사이 이를 바로잡았다.

마침내 익산을 염두에 두고 구체화했던 사업이 정부안에 고스란히 담겼다. 총사업비는 300억(국비 200, 지방비 70, 민자 30)이었다.

'홀로그램콘텐츠 서비스센터'는 홀로그램콘텐츠 서비스 실증의 국내 유일의 기반이다. 관련 기업들은 고가의 제작 장비부터 지원, 기술, 실증 영역에 이르기까지 전(全)주기 전문 지원센터가 없어 적극적 사업화에 어려움을 겪고 있었다. 이에 센터는 아이디어 발굴부터 사업화까지 모든 것을(Everything) 한 번에(One) 지원하는 'Every-ONE' 시스템을 구축하고 2020년 2월, 익산 마동에 문을 열었다.

'홀로그램콘텐츠 서비스센터'는 홀로그램콘텐츠 서비스 실증의 국내 유일의 기반이다.

4. 왜 전북인가? 지역 선정의 공정성 논란

홀로그램은 5G 시대의 핵심기술이다. 4G 통신망에서는 홀로그램콘텐츠의 데이터 사용량을 감당할 수 없어 활용 가능성이 제한적이었지만, 대규모 데이터의 이동이 가능해진 5G 시대에서는 핵심 콘텐츠로 급부상했다.

2018년 기준, 최고 기술 선진국인 미국 대비 기술격차가 1.8년이지만 과기부가 2027년까지 1년으로 좁힐 수 있으리라고 자신한 것도 5G 통신기술에서 세계시장을 선도하고 있기 때문이다. 우리나라는 2019년 4월, 세계 최초로 5G를 상용화한 바 있었다. 5G 통신 인프라를 기반으로 전국 어디서나 고품질의 홀로그램콘텐츠를 구현할 수 있는 곳은 대한민국밖에 없었다.

하지만 국내 홀로그램 산업은 현재 시장성이 확보되지 않아 영세업체가 전체 70%로, 자체 기술 개발이 어렵고 고급 기술 인력도 부족한 상태였다. 따라서 초기 산업 생태계를 조성하려면 대규모 정부투자가 필요했다. 홀로그램 서비스에 대한 핵심기술과 지식재산권 확보가 이뤄지지 않으면 향후 산업 전체가 선진국 기술에 종속될 것이 뻔했다.

과기부는 4천억 규모 R&D 사업을 준비하고 있었다. 이 역시 익산으로 유치하려고 마음을 먹고 담당국장에게 주기적으로 진행 상황을 보고받았다. '홀로그램콘텐츠 서비스센터'는 시작에 불과했다.

'디지털 라이프 서비스 실현을 위한 홀로그램 기술개발사업'은 홀로그램 연구개발과 실증화·상용화 등을 지원하는 사업으로 상용차 인포테인먼트, 문화재 재현, 홀로 스마트팜 등 다양한 분야에서 첨단기술을 육성하는 계획을 담고 있다. 이 사업은 2018년 10월 기재부에 예비타당성조사를 신청, 같은 해 12월 기술성 평가를 통과하면서 예비타당성조사 대상 사업으로 선정됐다. 기술성 평가는 신청된 43개 사업 중 20~30%만이 통과되었을 정도로 엄격한 절차였다.

예비타당성조사 기간인 2019년 2월부터 6월까지 약 5개월간은 전북도 공무원들과 관련 연구기관들이 아예 주말도 반납하고 밤낮없이 치열하게 대응해야 했다. 한국과학기술기획평가원(KISTEP)의 점검 회의 전, 예상 쟁점 사항에 대한 대응자료를 준비하고 1, 2차 점검 회의와 자문위원회 전후로 소명 자료와 사업구조개편안을 준비했다.

한국과학기술기획평가원(KISTEP)은 전북과 경북을 실증지역으로 선정한 후 실증서비스 분야가 기획됐다는 점을 특히 문제 삼았다. 애초 전북이 불을 댕긴 사업이었다. 상용차 대표생산지이자 무형문화유산 보유 전국 1위인 전북과 차세대 디스플레이와 정보기기 대표생산지인 경북으로 균형을 맞춘 뒤 이를 위해 사업을 기획했다는 것을 꿰뚫어 본 것이었다.

송하진 전 전북도지사와 나는 역할을 나눠 치밀하게 계획을 짜고 공조를 이뤘다. 이번에 예타가 통과되지 않으면 지역 선정의 공정성 논란으로 향후 사업의 향배가 어떻게 될지 예측할 수 없었다. 경북의 입장도 마찬가지였다. 과기부를 중심으로 전북, 경북이 합심해서 일궈낸 탄탄한 팀워크도 크게 도움이 됐다.

2019년 6월 27일, 마침내 예비타당성조사를 최종 통과했다. 경제성평가를 함께 받았던 모든 부처의 15개 사업 중 예타를 통과한 것은 5개 사업에 불과했다. 핵심기술 개발 1,505억, 사업화 실증 312억 등 총사업비 1,817억 8,000만 원으로 애초보다 규모가 줄긴 했지만 까다롭기로 소문난 KISTEP의 검증을 통과했다. 거의 기적에 가까운 일이었다.

5. 100조 세계시장의 성패가 달린 익산의 뒷심

우리에겐 2016년 힘들게 예타를 통과시키고도 안전보호 융복합제품산업 육성사업에 도내 기업과 대학이 단 한 건도 수주하지 못했던 아픈 기억이 있다. 총사업비 2천18억 원(국비 1,252 지방비 485 민자 281억)이었다.

관련 산업을 육성할 9개 과제를 추려 입찰을 시행했지만, 전북지역 업체는 겨우 4곳 참여해 모두 탈락했고, 대학 연구팀은 경북대가 2건, 충남대와 호서대, 영남대, 부산대가 각각 1건씩 수주할 동안 전북에 있는 대학은 신청조차 하지 않았다.

지방비는 고스란히 전북도와 익산시의 부담이었다. 가뜩이나 재정이 어려운 전북이 다른 시도를 먹여 살리는 셈이다. 뒷심이 없으면 정치력이

원광대에서 대한민국 최초로 홀로그램 엑스포가 열렸다. KT, SK텔레콤, LGU+ 등의 대기업을 비롯해 홀로그램 선도기업 25여 곳 등이 참여했다. 2019. 10. 25.

나 행정력으로 따낸 사업이 오히려 도움이 되지 않는다는 교훈이었다.

홀로그램 사업은 이를 반면교사 삼아 착실하게 전략을 짰다.

2020년 4월, 전북도는 과기부가 주관한 '홀로그램 핵심기술 개발' 15개 공모사업 중 네 개 과제에 선정됐다. 이들 사업에 참여하는 컨소시엄은 다섯 개였다. 지역에서 추진하는 홀로그램 상용차, 가상박물관 등 사업화 실증 분야와 연계된 과제에 집중해, 선정 과제 모두 전북에서 성과를 누리게 된 것이다. 4년간 국비 106억 5,000만 원을 확보하며 홀로그램 사업의 주도권을 지켰다. 지역에 홀로그램 전문기업이 없다는 현실 속

에서 만들어 낸, 최선의 결과였다.

2017년 처음 이 사업의 존재를 접하고 익산으로 유치하기까지 정부의 지원과 전북도, 익산시의 노력이 함께 했다. 3년의 세월이 흐르며 서류 속에 묻혀있던 거대한 그림이 현실이 되는 과정은 '보이지 않는 것을 보이게 하는 기술', 마치 홀로그램과 같았다.

전북과 익산은 홀로그램의 가능성과 허약한 기반, 모두를 품고 있다. 우리가 뒷심을 만드는 데 성공할 수 있을 것인가. 100조 세계시장의 성패가 익산의 어깨에 달렸다.

전북도와 익산시, 홀로그램콘텐츠서비스센터, 원광대는 아카데미 영화제에서 4관왕을 거둔 영화 「기생충」 CG를 만든 국내 1위 영화콘텐츠 기업을 비롯해 관련 산업에서 손에 꼽히는 유수의 기업들과 투자협약을 체결했다.

익산을 위한 세 개의 기둥

익산이 살길로
'한 걸음 더'

2020년 경선 패배로 나에게는 많은 시간이 주어졌다. 2021년 1월, 국회 사무총장으로 공식 임명됐지만 한걸음 떨어져 내가 추진해 왔던 사업들을 돌아볼 기회였다. 영광은 담담히 흘려보내고, 아쉬움만은 단단히 내 것으로 붙잡았다. 그래야 냉정하게 성찰할 수 있으리라는 생각이었다.

추격 시대와는 달리 이제는 스스로 과녁을 찾아야 한다. 해마다 목표를 바꾸는 사회에서 이제는 질문이 달라져야 한다.

'왜 쏘는가?'

숙제로 남겨진 인재와 산업기반

나는 오랜 시간 홀로그램 관련 예비타당성조사 보고서를 곱씹었다. 한마디 한마디가 칼이 되어 살을 베는 듯했다. 최첨단 산업을 유치하는데 적합하지 않다는 지적은 뼈를 때렸다.

한국과학기술기획평가원(KISTEP, 이하 키스텝)은 재원 조달 가능성, 지역 낙후도, 전문인력과 기업의 부재 모두 위험 요인으로 지적했다.

전북과 경북의 재정자립도*는 평균적으로 30% 수준이고 17개 지자체 중 각각 16위, 14위로 최하위권이었다. 애초에는 총예산 4,000억 원 중 70%인 2,813억 원은 국고로, 9%인 360억 원은 지방비로, 21%인 827억 원은 민간투자로 조달할 계획이었다. 하지만 지방비 조달에 대해서는 재원과 재량지출의 구체적인 계획을 제시하지 못했다. 민간투자에서도 참여의향서에 투자 금액은 적시되지 않았다. 국고의 조달은 차질이 없겠지만 나머지는 불투명한 상태였다. 결국 전체 규모는 4,000억 원에서 1,817억 8,000만 원으로 줄고 지방비 부담도 360억 원(9%)에서 93.7억 원(5%)으로 축소됐다.

홀로그램 사업은 실증 지역을 먼저 선정한 후 실증 분야를 기획해 공정성 문제가 크게 대두됐다. 그래서 예타 기간 도중 국가균형발전위원회에 SOS를 쳤다. 입지가 적정하다는 결과보고서가 필요했다.

지역 낙후도*에서 16개 광역시·도 중 전북과 경북은 각각 15위, 13위였다. 다행히 실증시설 활용이 예상되는 익산시, 전주시, 구미시, 경주시가 중위권으로 평가돼 적정성 검토를 통과할 수 있었다. 단, 국가균형발전위원회조차 "홀로그램 관련 실증 지역의 산업 집적도 등을 면밀하게 분

* 자치단체가 스스로 살림을 꾸릴 수 있는 능력을 나타내는 지표로 재정자립도가 높을수록 재정 운영의 자립 능력이 우수함을 의미한다. (자체수입÷자치단체 예산 규모)×100(%)

* 다양한 인적, 물적, 사회·경제적 지표를 이용해 국가 내 여러 지역 각각의 발전 정도를 나타내는 정량적 산출값

석해 사업화가 효과적으로 연결될 수 있도록 보완할 필요가 있다"고 지적했다.

홀로그램만을 사업영역으로 하는 기업은 19개였다. 대부분 서울 경기권에 있고 전북과 경북 양쪽 모두에 관련 업체는 하나도 없었다. 키스텝이 사업추진의 위험 요소로 꼽은 것도 무리는 아니었다. 사업수행에는 약 8,500명 수준의 전문인력이 필요할 것으로 예상됐지만 전북과 경북은 물론, 국내 연구 인력 규모도 이에 미치지 못했다.

전북은 영화 「기생충」의 CG를 만든 국내 콘텐츠 유일 상장기업 덱스터스튜디오, 콘텐츠 분야 국내 3위 기업 ㈜로커스, 홀로그램 전문기업인 홀로랩, 메타버스 콘텐츠 전문기업 조이그램 등의 유수 기업들과 투자협약을 체결했다. 이로써 '홀로그램 기술개발사업' 공모에서 15개 중 4개 과제 선정에는 성공했지만 원광대, 전자부품연구원, 한국조명ICT연구원을 기반으로 홀로그램 기술개발과 인재 양성, 민간투자라는 세 가지 과제를 동시에 풀어나가야 한다.

홀로그램이라는 대형 사업이 전북으로 올 수 있었던 것은 산업 자체가 맹아 단계였기 때문이다. 결국 숙제는 인재와 산업기반이다.

익산을 디지털 농업기계화산업 클러스터로

기업들이 지자체장들에게 물어보는 첫 번째 질문은 소프트웨어 인력 정도이고, 두 번째는 그 지역의 중소기업 경쟁력 수준이다. 인력수급이 자유롭고 양질의 중소기업이 분포돼 있어야 사업을 효율적으로 추진할 수 있기 때문이다. 익산에서 현실적 가능성을 찾는다면 나는 농산업과 식품산업을 꼽는다.

원래 익산은 농기계 산업의 중심지였다. 익산지역 농기계 제조업은 2019년 기준으로 24개, 전북 전체 57개 중 약 43.6%를 차지하고 있다. 매출액 또한 전북 전체의 26.7%를 차지한다. 이 또한 전북 내 지자체 중 가장 높은 비중이다.

2010년, 경남 창원에서 익산 왕궁으로 협력 기업들과 함께 이전한 TYM(구, 동양물산기업)은 국내 대표 4대 농기계 기업 중 하나다. 자율주행 기능이 탑재된 농기계를 생산해 일명 '농슬라(농기계+테슬라)' 기업으로도 알려져 있다. 주요 협력사인 진흥기계, 위제스, 기원전자, 대성 DSI 등도 모두 연 매출 100억이 넘는 탄탄한 기업들이다. 미국의 코로나

재난지원금으로 한국 트랙터가 붐을 이루면서 수출길이 더 크게 열렸다.

한국농업기술진흥원의 유치로 익산의 농산업은 전환기를 맞았다. 농생명 ICT 기술 검·인증 기반을 마련해 첨단농기계의 메카로 가는 길을 열게 된 것이다. 검·인증 기관 주위로 기업이 모이는 것은 자연스러운 일이다. 과정 자체가 워낙 까다로운 데다 시간과 비용이 수반되는 일이니만큼 설계 단계부터 검·인증 기관과 협의하며 진행하는 것이 상식이었다.

특히 표준화 과정은 더 치열하다. 보유한 특허 기술을 표준화하면 배타적 권리를 인정받아 독점력을 강화할 수 있었다. 해당 기술시장의 장악을 위해 국제표준화에도 적극적으로 대응하는 추세였다.

농촌진흥청이 보유한 특허 기술을 기술 실용화해 민간에 이전하는 것이 진흥원의 역할이었고, 따라서 국내 기업들은 검·인증 이전 단계부터 진흥원과 긴밀한 소통을 할 수밖에 없는 구조다.

이에 더해 전북도에는 지능형 농기계의 개발을 체계적으로 진행해 온 한국생산기술연구원 지능형 농기계 연구그룹(농기계기술지원센터)이 김제에 있고, 농업기술에 대한 R&D를 수행하는 농촌진흥청이 완주에 위치하며, 자동차융합기술원이 군산에 있다. 익산은 ICT 기술을 융복합한 기술을 이전받아 새로운 농기계를 주력사업으로 키울 수 있는 최적지다.

농생명 ICT 기술 검·인증 기반으로 첨단농기계의 메카가 된 한국농업기술진흥원 전경 ⓒ한국농업기술진흥원

국가식품클러스터 2단계를 위한 조세특례

국가식품클러스터 기반 시설이 어느 정도 안착한 후부터는 IT · 자동차 시장보다 2~3배 큰 소스 산업과 5조 원 시장을 공략할 HMR기술을 지원했다. 실제 클러스터로 기능할 수 있는 엔진을 장착한 셈이다.

가장 괄목할 점은 더디던 분양이 완판을 눈앞에 두고 2023년 3월, 2단계 사업이 확정된 것이다. 1단계 분양이 촉진된 것은 무엇보다 법인세 및 소득세 감면 혜택에 힘입은 바 컸다. 2019년 41%에 불과하던 분양률이, '조세특례제한법' 법안 통과 이후 2023년 80%로 뛰었다. 기재위원장 시절, 2년 정도로 축소하려던 시도를 5년으로 연장했지만, 어느덧 일몰 시점이 다가오고 있다.

'집적'이라는 표현을 쓰자면 최소 200개의 기업이 필요하다. "가공식품의 70%를 인구 50%가 모여 있는 수도권에서 소비하기 때문에 식품 대기업들은 천안 이남으로 내려가지 않는다"라는 윤태진 전 국가식품클러스터 이사장의 이야기는 여전히 유효하다.

2단계 사업을 순조롭게 진행하기 위해서는 분양 단계에 맞춰 기업에 직접 혜택이 될 수 있는 '조세특례'가 꼭 필요하다.

한 걸음 더 3

농산업과 농식품 청년·벤처를 키우자

첨단농기계 산업과 식품산업의 집적화가 그림처럼 순조롭게 이루어질 리는 만무하다.

트랙터를 예로 들면, 예전에는 익산 왕궁 산업단지에서 생산해서 판매하는 것으로 충분했다. 하지만 이제는 트랙터가 스마트기기와 연결되기 시작했다. ICT 트랙터는 날씨 정보시스템, 관개 시스템은 물론 다른 농기계 시스템과 연계되고 있다. 예전에 우리가 알던 트랙터가 아니다. 트랙터 하나 만드는 데도 다양한 분야의 전문지식과 전문가들이 필요한 시대가 됐다. 이제는 트랙터 생산 공장마저 서울, 수도권으로 끌어올려질 판이다. 보수정권이 들어설 때마다 수도권 규제 완화가 주요 쟁점이 되는 것은 이런 이유 때문이다.

내가 서둘러 '스마트농산업 벤처창업 캠퍼스'와 국가식품클러스터의 '청년식품창업센터'를 만들려 한 것도 이에 연유한다. 첨단산업이라면 블랙홀처럼 빨아들이는 수도권으로부터 경쟁력 있는 산업을 지키려면, 청년 유치 싸움에서부터 이겨야 했기 때문이다.

'스마트농산업 벤처창업 캠퍼스'는 농기계 제조업을 익산의 중심 산업으로 키우고 스타트업에 뛰어드는 청년들을 익산으로 모이게 하려는 구상이었다. 전국 농과계열 42개 단과대, 382개 학과 배출 인력을 첨단 농산업 육성 플랫폼으로 유인하여 스스로 경제주체가 되도록 지원하는 일은 익산만이 할 수 있다.

하지만 '스마트농산업 벤처창업 캠퍼스' 사업이 '그린바이오 벤처캠퍼스'로 바뀌면서 ICT 기술을 융복합한 농업용로봇, 스마트팜, 기자재 등 첨단농업 벤처창업을 키우는 사업이 사라진 것은 뼈아프다.

수도권에 더 이상 청년 인재를 빼앗기지 않으려면 한국농업기술진흥원을 중심으로 농업 관련 첨단기술 개발 및 상용화에서부터 벤처창업자 육성·창업 교육, 시제품 제작, 판로개척에 이르기까지, 농산업을 총괄적으로 육성·지원하는 종합시스템을 구축해야 한다. '그린바이오 벤처캠퍼스'에 농기계 ICT 관련 내용을 보완하거나 애초 계획대로 독자적인 캠퍼스를 만드는 일은, 그래서 미룰 수 없는 과제다.

스마트농산업 벤처창업 캠퍼스, 국가식품클러스터의 청년식품창업센터, 그린바이오 벤처캠퍼스를 농산업과 농식품 벤처의 축으로 만드는 일에 익산의 미래가 달려있다.

한 걸음 더 4

완전한 황등호의 복원

익산을 떠날뻔한 것은 공공기관만이 아니다. 박물관이 아니었다면 우리는 미륵사지 석탑에서 발굴된 국보를 모두 빼앗겼을 것이다. 나는 국립익산박물관 승격과 함께 황등호 복원, 미륵사지 복원, 고도 이미지 찾기, 세계유산 탐방거점센터, 근대역사문화공간, 함라 한옥체험단지 조성 등으로 그 범위를 넓히고 거점을 챙겼다.

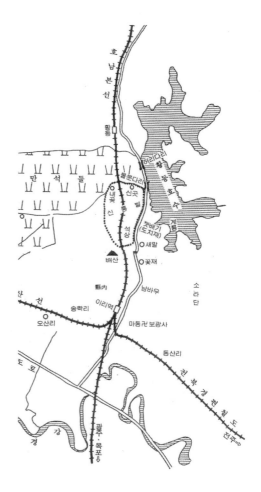

1920년대 이리 지도

하지만 황등호 복원을 위한 사업은 지금 그저 배수 개선사업이 되어가고 있다. 호수는 사라지고 펌프장으로 사업이 대체되고 있다. 황등호 사업의 핵심은 유수지와 수변공간이었다.

한반도에서 가장 오래된 수리제방 시설은 지금까지 벽골제로 알려져 왔지만 익산 황등제의 제방은 벽골제보다 무려 600~700여 년이나 더 앞섰다. 또한 황등제는 무왕 천도와 미륵사를 연결할 수 있는 귀한 고리다. 호남(湖南)이라는 이름을 낳은 위대한 발원지이기도 하다. 이러한 자산을 전 세계가 공유할 기회가 단순 배수사업으로 치환되고 있다.

마한의 호수, 백제 무왕의 꿈, 호남(湖南)의 발원지, 황등호를 되살리는 일을 멈춰서는 안 된다. 나는 감히 이것을 '이춘석의 쓸모'라고 단언한다.

한 걸음 더 5

국가식품클러스터 '푸드 테마파크' 조성

국가식품클러스터는 산업단지이지만 관광단지로서의 잠재력이 풍부한 곳이기도 하다. 이미 역사와 식품과 관광은 하나다. 하나의 예로, 풀무원은 글로벌시장을 염두에 두고 익산 식품클러스터에 글로벌김치공장을 마련하면서 그 이유 중 하나로 미륵사지 김치 토기를 들었다.

기원전 600년 창건된 백제의 미륵사지 동원 승방지(東院 僧房址)* 기단 내부에서 높이 1m 정도의 대형 토기들이 발견됐다. 승려들이 사용한 이 토기는 땅속에 묻혀있었기 때문에 완전한 형태로 보존돼 있었다. 2013년 한국의 '김치와 김장 문화'가 유네스코 인류무형유산으로 등재되면서 미륵사지 출토 유물인 대형 토기가 한국 최초의 김장독이라는 주장이 제기된 바 있었다.

풀무원은 이를 모티브로 한국 김장 문화를 알리는 국내 최초 식품박물관 '뮤지엄 김치간'을 운영하고 있다.

국가식품클러스터 종합계획 식품산업단지 토지이용계획안*에는 테마파크 용지가 포함돼 있지만 현재 녹지구역으로서 테마파크 콘텐츠가 전무하다. 종합계획에는 '식품의 역사·문화를 상징하고 미래와 첨단이 조화된 배치와 건축을 통해 글로벌 명소가 될 수 있는 단지 조성안'이 포함돼 있다.

푸드 테마파크는 식품을 소재로 디자인 한 공장들과 함께 국민이 찾고 싶어 하는 식품 문화의 관광 명소화 사업이다. 우리 전통인 발효식품을 상징하는 장독대 공원 등 다양한 테마공원, 식품공장 견학로, 그로서란트 마켓*, 식품박물관, 상설 박람회장, 푸드카페, 도리산 둘레길 등으로 구성하면 제조·체험·마케팅·관광을 한 곳에서 즐길 수 있다. 클러스터 2단계 조성과 함께 시동을 걸어야 한다.

* 승방은 스님들이 생활하는 공간을 말한다. 발굴된 토기에 관해서는 정확한 연구 결과보고서가 나오지 않았지만 주둥이가 작아 김장독보다는 다른 용도로 쓰였을 가능성이 있다.

* 식품산업단지(232만㎡, 70만 평)는 기업지원시설용지(9.4만㎡), 산업시설용지(152만㎡), 민간R&D시설용지(5.4만㎡), 테마파크용지(3.8만㎡) 등으로 구성돼 있다.

* 그로서리(Grocery, 식품)와 레스토랑(Restaurant, 양식당)을 합쳐 만든 조어. 구매한 식재료를 그 자리에서 먹을 수 있게 한 곳이라는 뜻이다.

한 걸음 더 6

규제자유 특구로 세계 최초 홀로그램 거리를

홀로그램 가로등 및 간판은 입체적이라는 점에서 그 자체가 하나의 관광상품으로 활용될 수 있다. 세계 최초 홀로그램 문화의 거리를 만들면 원도심이 활력을 되찾을 뿐만 아니라 익산이 관광 명소가 될 수 있다. 미국 뉴욕의 타임스 스퀘어는 단순한 옥외광고 이미지만으로도 전 세계에서 가장 유명한 LED 야간도시 거리로 관광산업에 큰 역할을 하고 있다.

하지만 조명 광고법 등 다양한 규제에 걸려 홀로그램 기술의 실증화나 대중화가 어려움을 겪고 있는 실정이다.

'터'로 남아있는 백제유적지도 마찬가지다. 어설픈 복원이나 개발보다

규제자유 특구로 할 수 있는 일은 무궁무진하다. 사진은 '백제 왕궁은 살아있다' 익산 문화재 여행 개막식.

는 차라리 비워두는 편이 상상력을 자극한다. 대신 야간에는 홀로그램으로 당시 왕궁의 복원과 생활상을 보여줄 수 있다. 무왕과 함께 왕도를 걷는 경험은 익산만이 줄 수 있는 큰 관광자원이다.

이러한 홀로그램 헤리티지 사업을 실증 추진하려면 유물을 훼손하거나 유물의 안전관리에 지장을 줄 우려가 있을 때 복제를 제한하는 '국립박물관 소장유물 복제 규칙 제4조(허가 등의 제한)' 및 빛공해방지법의 규제 완화가 필수다. 또 등록문화재나 문화재 구역 내에서는 어떠한 시설물도 설치할 수 없게 돼 있고 심의를 통한 절차도 복잡하고 오래 걸려 콘텐츠 작업이 실질적으로 진행하기 어려운 상황이다.

지금은 전방에 교통사고가 있어도 정보가 전달되지 않아 2차 사고로 이어지는 경우가 많다. 하지만 앞으로는 홀로그램 기술을 통해 운전자에게 사각지대의 안전 정보를 전면 유리를 통해 영상으로 전달할 수 있다.

상용차 분야의 사업화 실증은 상용차 헤드업 디스플레이(Head-Up

Display)*와 관련된 도로교통법 등이 걸림돌이다. '도로교통법 제49조'는 운전 중에는 방송 등 영상물을 수신하거나 재생하는 장치를 통해 영상이 표시되어서는 안 되도록 규정하고 있다.

* 항공기, 자동차 등의 앞 유리창에 정보를 표시하는 증강현실 장치.

이렇듯 홀로그램 사업을 위해서는 규제자유특구 지정이 꼭 필요하다. 2019년 7월, 전북도는 규제자유특구 지정에서 한차례 고배를 마신 바 있다. 중소벤처기업부의 1차 심의위원회 우선 협의 대상에 올랐지만 규제자유특구로 지정받는 데는 실패했다. 아직 실증을 시작할 만한 구체적 사업이 진행되고 있지 않았다는 이유가 컸다. 규제 특례를 적용받아 실증테스트나 실증사업을 진행할 만큼 사업이 무르익지 않았기 때문이다.

결국 특구 지정은 사업의 완성도와 직결돼 있다. 기술개발과 인재 양성, 민간투자라는 세 가지 과제를 풀어나가려면 강력한 정치력과 행정력이 수반되어야 한다. 홀로그램 산업이 전북의 주력사업을 견인하고 시너지 효과를 낼 수 있는 기민하고 전폭적인 행보가 필요한 이유다.

한 걸음 더 7

원도심을 청년들에게 내주자

1905년 호남선 철도부설이 계획이 세워지면서 철도노선을 유치하기 위한 갈등이 첨예하게 나타났다. 일본은 처음 금마-전주-목포의 노선을 염두에 두었지만 금마와 전주에서는 격렬한 반대운동이 일어났다. 전주의 호남선 반대는 전주의 맥이 끊어진다는 풍수설을 믿는 전주 유림들의 문제도 있었지만, 근본적으로는 호남선 개통과 함께 전주 중심의 전통 상권이 무너질 것을 우려한 지역유지들의 이해관계가 더 컸다.

 – 익산근대역사관 개관 도록 『이리 · 익산의 근대, 호남의 관문을 열다』 중

전주에 호남선이 들어가지 못한 것은 '정신' 이전에 '경제'의 문제였다. 전통 상권을 포기하지 못했기 때문이다. 뒤늦은 KTX 역사 유치 문제는 때때로 선거 이슈가 되어 공연히 익산을 괴롭히고 있다.

빛은 1초에 30만km를 가는데 지구에서 태양까지 가는 데는 약 8분 20초가 걸린다. 우리가 보는 태양은 약 8분 20초 전의 태양인 셈이다. 우리가 밤에 보는 별빛도 모두 과거의 것이다. 그래서 모든 별빛은 묵은 별빛이다. 변화를 감지했을 때는 이미 늦었다.

'리브·워크·플레이·러닝(Live·Work·Play·Learning)'. 압축적 공간에 거주하고, 일하고, 놀고, 배우는 것을 모두 융합해 한곳에서 해결하는 것이 선진국 트렌드다. 이 역시 '묵은 별빛'이지만 아직 지방에서 성공한 사례는 없다.

홀로그램과 청년식품창업센터, 그린바이오 벤처캠퍼스 등을 통해 인재를 모아 창업까지 할 수 있는 길은 열어놓았다. 청년식품창업센터는 당연히 국가식품클러스터 내에 있는 것이 옳다. 하지만 나머지는 교통이 편리하고 상권도 형성돼 있고 문화가 살아있으며 편안한 주거 공간이 있는 곳에 두어야 한다.

실제 기업이 투자를 결정할 때는 '확실한 입지·클러스터 가능성·공공지원·라이프스타일·향후 투자가치' 등 다섯 가지를 고려한다. 지금은 클러스터 가능성·공공지원·라이프스타일이 기업 유치 매력을 업그레이드할 수 있는 중요 요소로 부상했다.

한쪽에서는 서울로 가라고 등을 떠밀고 한쪽에서는 제발 오라고 손짓한다. 우리는 청년들에게 돌아올 곳을 마련해주어야 한다. 나는 KTX 익산역이 있는 원도심을 내주어야 한다고 생각한다. 청년들은 스타벅스가 없는 곳에는 절대 가지 않는다. 기성세대가 읽지 못하는 중요한 문화지표다.

익산에 청년들이 찾아올 수 있도록 세계 최대 규모의 스타트업 캠퍼스

인 프랑스의 '스테이션 에프(Station-F)'와 싱가포르 '원 노스(One-North)'를 참고해 머물 수 있는 창업 공간을 마련해주자. 가장 소중한 노른자위를 내주지 않아 전주처럼 뒤늦은 후회에 잠기기 전에.